AF137583

© 2023 Ludwig Rauch

Imprint: Jaltas Books

Jaltas Books

Das Werk, einschließlich seiner Teile, ist
urheberrechtlich geschützt. Die Inhalte wurden teilweise
durch eine KI erstellt. Der Autor hat diese umfassend
erweitert und geprüft. Für die Inhalte ist der Autor
verantwortlich. Jede Verwertung ist ohne seine
Zustimmung unzulässig. Die Publikation und
Verbreitung erfolgen im Auftrag des Autors, zu erreichen
unter: tredition GmbH, Abteilung "Impressumservice",
An der Strusbek 10, 22926 Ahrensburg, Deutschland.

Druck & Distribution: tredition GmbH, Ahrensburg

Inhalt

Die richtige Wahl des Campingplatzes: 7

Aufbau des Camps im Schnee: 11

Mahlzeiten im Freien: 15

Kleidung und Schuhwerk: 22

Die Bedeutung von Feuer und Licht im Wintercamping:
.... 26

Winteraktivitäten im Camp: 30

Körperpflege im Wintercamping: 36

Schlafen im Schnee: 39

Bewegung und Sport im Schnee: 43

Tipps für das Fahren auf Schnee und Eis: 47

Wintercamping mit Kindern: 51

Der richtige Umgang mit Tieren im Wintercamping: 55

Die Bedeutung von Wasser im Wintercamping: 59

Die Wahl der richtigen Brennstoffe: 63

Die richtige Lagerung von Nahrungsmitteln: 67

Die Bedeutung von Navigation im Winter: 71

Übernachtungen außerhalb des Zeltes: 74

Die Wahl des richtigen Schlitten: 77

Die Bedeutung von Energie im Wintercamping: 81

Das richtige Verhalten bei Kälte und Erfrierungen: 85

Der Umgang mit Naturkatastrophen im Winter: 88

Die richtige Wahl des Campingplatzes:

Wenn der Winter naht und eine eisige Kälte in der Luft liegt, stellt sich für viele Campingbegeisterte die Frage, ob sie sich für das Wintercampen auf einem regulären Campingplatz entscheiden sollten oder doch lieber wild campen möchten. Beide Optionen haben ihre Vor- und Nachteile, und die Wahl hängt von verschiedenen Faktoren ab, darunter die persönlichen Vorlieben, die Ausrüstung, die Erfahrung und die Sicherheitsaspekte. Beim Wintercampen auf einem regulären Campingplatz profitieren Sie von einer Vielzahl von Annehmlichkeiten, die Ihren Aufenthalt angenehmer gestalten können. Campingplätze bieten in der Regel Stromanschlüsse, beheizte Sanitäranlagen, Waschgelegenheiten und möglicherweise sogar einen kleinen Laden, in dem Sie Ihre Vorräte auffüllen können. Diese Einrichtungen sind besonders in der kalten Jahreszeit von unschätzbarem Wert, da sie dazu beitragen, dass Sie warm und komfortabel bleiben können. Darüber hinaus gibt es oft organisierte Aktivitäten und Veranstaltungen, die speziell auf das Wintercampen zugeschnitten sind, wie beispielsweise gemeinsame Lagerfeuerabende oder Winterwanderungen.

Ein weiterer Vorteil des Wintercampens auf einem Campingplatz ist die Möglichkeit, Kontakte zu anderen Campingbegeisterten zu knüpfen. Sie können Erfahrungen austauschen, Tipps und Tricks teilen und vielleicht sogar neue Freundschaften schließen. Dies kann besonders wichtig sein, wenn Sie noch relativ neu im Wintercamping sind und von den Erfahrungen erfahrener Camper profitieren möchten. Darüber hinaus bieten Campingplätze oft eine höhere Sicherheit als das Wildcampen. Sie sind in der Regel gut beleuchtet, haben Sicherheitspersonal und eine gewisse Überwachung, um Ihre Sicherheit und die Sicherheit Ihrer Ausrüstung zu gewährleisten. Dies kann beruhigend sein, insbesondere wenn Sie sich in unbekanntem Terrain befinden oder sich Gedanken über Diebstahl oder unerwünschte Besucher machen.

Auf der anderen Seite gibt es auch gute Gründe, das Wildcampen im Winter in Erwägung zu ziehen. Das Gefühl von Freiheit und Abgeschiedenheit, das mit dem Wildcampen einhergeht, ist für viele Naturliebhaber unschlagbar. Sie können Ihre eigenen Regeln festlegen, fernab von Menschenmassen und den Zwängen eines regulären Campingplatzes. Dies ermöglicht es Ihnen, die Ruhe und Schönheit der Natur in ihrer reinsten Form zu genießen. Beim Wildcampen müssen Sie jedoch bedenken, dass Sie auf sich allein gestellt sind. Sie müssen Ihre eigene Ausrüstung, wie beispielsweise ein gut isoliertes Zelt, einen warmen Schlafsack und ausreichend Proviant, mitbringen. Es erfordert auch eine gewisse Erfahrung im Umgang mit den Herausforderungen, die das Wintercampen in der freien Natur mit sich bringt. Sie müssen in der Lage sein, sich auf wechselnde

Wetterbedingungen einzustellen, auf plötzliche Schneestürme oder starke Winde vorbereitet zu sein und möglicherweise auch grundlegende Überlebensfähigkeiten zu beherrschen. Das Wildcampen erfordert daher eine gewisse Vorbereitung und Kenntnisse, um die Sicherheit und den Komfort während des Aufenthalts zu gewährleisten. Ein weiterer Aspekt, den es zu beachten gilt, ist die Umweltauswirkung des Campens. Campingplätze sind darauf ausgelegt, die Umweltbelastung zu minimieren und haben entsprechende Einrichtungen für Abfallentsorgung und Recycling. Beim Wildcampen müssen Sie selbst dafür sorgen, dass Sie die Umwelt respektieren und keine Spuren hinterlassen. Dies beinhaltet die korrekte Entsorgung von Abfällen, das Vermeiden von offenen Feuerstellen und das Respektieren von Naturschutzgebieten und empfindlichen Ökosystemen.

Die Wahl zwischen einem regulären Campingplatz und dem Wildcampen im Winter ist also eine individuelle Entscheidung, die von Ihren persönlichen Präferenzen, Ihrer Erfahrung und Ihren Fähigkeiten abhängt. Wenn Ihnen Komfort, Sicherheit und soziale Interaktion wichtig sind, ist ein Campingplatz möglicherweise die beste Wahl für Sie. Auf der anderen Seite, wenn Sie die Herausforderung und das Abenteuer des Alleinseins in der Natur suchen und bereit sind, die nötige Ausrüstung und Kenntnisse mitzubringen, kann das Wildcampen eine unvergessliche Erfahrung bieten. Eine Alternative könnte auch eine Mischung aus beiden sein. Viele Campingplätze bieten Stellplätze an abgelegeneren Orten oder in naturnaher Umgebung an, die Ihnen das Gefühl des Wildcampens vermitteln, während Sie dennoch von den Annehmlichkeiten und der Sicherheit eines Campingplatzes profitieren. Dies könnte eine gute Option sein, um das Beste aus beiden Welten zu vereinen.

Aufbau des Camps im Schnee:

Das Wintercampen in verschneiter Landschaft kann eine atemberaubende und gleichzeitig anspruchsvolle Erfahrung sein. Um in dieser eisigen Umgebung komfortabel zu campen, ist es entscheidend, das Camp sorgfältig aufzubauen und die richtigen Vorkehrungen zu treffen. Ein wichtiger Faktor beim Campaufbau im Schnee ist die Wahl des geeigneten Zeltes. Es gibt spezielle Winterzelte, die für extreme Wetterbedingungen ausgelegt sind und eine bessere Isolierung sowie eine robustere Konstruktion bieten. Diese Zelte sind in der Regel aus widerstandsfähigem Material gefertigt und verfügen über steilere Wände, um den Schneefall besser abzuschütteln. Sie sind auch mit zusätzlichen Verankerungen und Verstärkungen ausgestattet, um starken Winden standzuhalten. Bei der Auswahl eines Winterzeltes ist es wichtig, auf die Qualität, das Gewicht und die Größe zu achten, um Ihren individuellen Bedürfnissen gerecht zu werden. Um in Ihrem Wintercamp warm zu bleiben, ist eine effektive Beheizung unerlässlich. Eine beliebte Option ist der Einsatz von tragbaren Gasheizungen. Diese Heizgeräte bieten eine schnelle Wärmequelle und können in einem gut belüfteten Zelt sicher verwendet werden. Stellen Sie sicher, dass Sie immer ausreichend Gasvorräte dabei haben und die Heizung niemals unbeaufsichtigt lassen. Eine weitere Möglichkeit ist der Einsatz von isolierten Schlafsäcken und wärmenden Unterlagen, um die Körperwärme zu speichern und den Komfort während der Nacht zu erhöhen. Es ist auch ratsam, warme Kleidung und Schichten zu tragen, um die Körperwärme zu bewahren.

Schutz vor Schneeansammlungen ist ein weiterer wichtiger Aspekt beim Campaufbau im Schnee. Schnee kann sich schnell ansammeln und die Struktur Ihres Zeltes beeinträchtigen. Um dies zu vermeiden, können Sie Schneezäune oder Schneebarrieren um Ihr Camp herum aufstellen. Diese Barrieren helfen, den Schnee von Ihrem Zelt fernzuhalten und schaffen einen geschützten Bereich um das Camp herum. Es ist auch ratsam, das Zelt auf einer leicht erhöhten Position aufzustellen, um das Risiko von Schneeverwehungen zu verringern. Beachten Sie, dass eine gute Planung und ein regelmäßiges Entfernen von Schnee von den Zeltwänden und dem Dach wichtig sind, um eine Überlastung zu vermeiden. Die Schneeräumung spielt eine entscheidende Rolle, um Ihre Campingfläche sicher und zugänglich zu halten. Eine Schneeschaufel ist ein unverzichtbares Werkzeug, um Wege freizuräumen, den Eingang des Zeltes zusichern und Lagerflächen zu schaffen. Es ist ratsam, regelmäßig Schnee zu räumen, um ein Überladen der Zeltstrukturen zu verhindern und sicherzustellen, dass Sie problemlos in und um Ihr Camp herum navigieren können. Achten Sie darauf, den Schnee sorgfältig zu entfernen, um die umliegende Landschaft zu schonen und die natürliche Umgebung zu respektieren.

Ein weiterer wichtiger Aspekt beim Campaufbau im Schnee ist die richtige Organisation und Lagerung Ihrer Ausrüstung. Schnee kann schnell eindringen und Ihre Ausrüstung beschädigen. Stellen Sie sicher, dass Ihre Ausrüstung in wasserdichten Behältern oder Beuteln verstaut ist, um sie vor Feuchtigkeit zu schützen. Lagern Sie auch Lebensmittel in verschlossenen Behältern, um das Eindringen von Schnee oder Tieren zu verhindern. Eine gute Organisation Ihrer Ausrüstung ermöglicht es Ihnen, den verfügbaren Platz effizient zu nutzen und erleichtert das Auffinden wichtiger Gegenstände in der winterlichen Umgebung. Sicherheit spielt beim Campen im Schnee eine entscheidende Rolle. Informieren Sie sich im Voraus über die Wetterbedingungen, Lawinengefahr und andere potenzielle Risiken in der Region, in der Sie campen möchten. Es ist ratsam, einen Notfallplan zu erstellen und die erforderliche Notfallausrüstung mitzuführen, wie zum Beispiel eine Schneesonde, Lawinenschaufel und ein Erste-Hilfe-Set. Halten Sie auch immer ein Kommunikationsgerät wie ein Funkgerät oder ein Mobiltelefon mit geladenem Akku bereit, um im Notfall Hilfe rufen zu können.

Zusammenfassend lässt sich sagen, dass der Aufbau des Camps im Schnee sorgfältige Planung, die richtige Ausrüstung und die Beachtung von Sicherheitsaspekten erfordert. Wählen Sie ein geeignetes Winterzelt, sorgen Sie für ausreichende Beheizung und Schneeschutz, räumen Sie regelmäßig Schnee und organisieren Sie Ihre

Ausrüstung effizient. Vergessen Sie nicht, die örtlichen Wetter- und Sicherheitsbedingungen zu berücksichtigen und einen Notfallplan zu haben. Mit der richtigen Vorbereitung und dem nötigen Wissen können Sie das Wintercamping im Schnee zu einem unvergesslichen Abenteuer machen und die Schönheit der Natur in ihrer winterlichen Pracht in vollen Zügen genießen.

Mahlzeiten im Freien:

Eine der Freuden des Campens im Freien ist die Möglichkeit, Mahlzeiten inmitten der Natur zu genießen. Obwohl das Zubereiten von Mahlzeiten im Freien eine gewisse Herausforderung darstellen kann, gibt es doch etwas Besonderes daran, draußen zu kochen und den Geschmack von frischer Luft und Abenteuer in jedem Bissen zu spüren. Bei der Auswahl der Nahrungsmittel für Ihre Outdoor-Mahlzeiten ist es wichtig, praktische und nahrhafte Optionen zu berücksichtigen. Leicht verderbliche Lebensmittel sollten vermieden werden, es sei denn, Sie haben Zugang zu einer sicheren Kühlung. Stattdessen sind haltbare Lebensmittel wie getrocknete Früchte, Nüsse, Konserven und Trockenfleisch gute Optionen. Diese Lebensmittel sind leicht zu transportieren, erfordern keine spezielle Lagerung und können als Snacks oder Bestandteile von Mahlzeiten verwendet werden. Vergessen Sie nicht, auch an ausreichend Wasser und andere Getränke zu denken, um hydratisiert zu bleiben.

Die sichere Lagerung von Lebensmitteln im Freien ist von entscheidender Bedeutung, um das Risiko von Verderb, Verschwendung und Tieren anzuziehen, zu minimieren. Verwenden Sie luftdichte Behälter oder wasserdichte Beutel, um Ihre Lebensmittel vor Feuchtigkeit, Schmutz und Tieren zu schützen. Platzieren Sie Ihre Lebensmittel in einem schattigen und kühlen Bereich, um eine

Überhitzung zu vermeiden. Wenn Sie sich in einem Gebiet mit wilden Tieren befinden, verwenden Sie spezielle Bärenboxen oder Hängevorrichtungen, um Ihre Lebensmittel sicher aufzubewahren und potenzielle Begegnungen zu vermeiden. Die Auswahl der richtigen Kochausrüstung ist entscheidend, um im Freien erfolgreich zu kochen. Ein tragbarer Campingkocher oder ein Gaskocher sind gute Optionen, da sie leicht zu transportieren sind und eine zuverlässige Hitzequelle bieten. Stellen Sie sicher, dass Sie genügend Brennstoff mit sich führen, um Ihre Kochbedürfnisse während des Aufenthalts zu decken. Ein leichter und faltbarer Kochtopf oder eine Pfanne ermöglicht es Ihnen, Mahlzeiten effizient zuzubereiten. Denken Sie auch an Utensilien wie Besteck, Teller, Tassen und Schneidemesser, die für die Zubereitung und den Verzehr von Mahlzeiten notwendig sind. Die Zubereitung warmer Getränke ist eine wunderbare Möglichkeit, sich bei kaltem Wetter aufzuwärmen und den Komfort im Freien zu erhöhen. Eine Thermosflasche ist ideal, um heiße Getränke wie Kaffee, Tee oder heiße Schokolade warm zu halten. Tragbare Wasserkocher oder Kessel sind nützliche Geräte, um Wasser schnell zum Kochen zu bringen und heiße Getränke zuzubereiten. Vergessen Sie nicht, genügend Vorräte an Kaffee, Tee oder Schokoladenpulver mitzunehmen, um Ihren Bedarf während des Aufenthalts zu decken. Genießen Sie den Moment, wenn Sie sich mit einer dampfenden Tasse in der Hand am Lagerfeuer entspannen und die winterliche Atmosphäre um sich herum genießen können. Beim Zubereiten von Mahlzeiten im Freien ist es wichtig, auch die Umwelt zu respektieren. Vermeiden Sie übermäßigen Abfall und halten Sie Ihre Campingfläche sauber. Bringen Sie Müllsäcke mit, um Abfälle zu sammeln und diese ordnungsgemäß zu entsorgen. Denken Sie daran, biologisch abbaubares Geschirr und Besteck zu verwenden, um die Umweltbelastung zu minimieren.

Ein weiterer Aspekt, den Sie beim Kochen im Freien berücksichtigen sollten, ist die Planung Ihrer Mahlzeiten. Erstellen Sie im Voraus einen Speiseplan und stellen Sie sicher, dass Sie alle erforderlichen Zutaten und Gewürze dabei haben. Vorbereitung ist der Schlüssel, um reibungslos zu kochen und Zeit zu sparen. Sie können auch einfache und zeitsparende Rezepte auswählen, die mit wenigen Zutaten zubereitet werden können, um den Kochaufwand zu minimieren. Das Essen im Freien bietet auch die Möglichkeit, neue Gerichte auszuprobieren und kulinarische Abenteuer zu erleben. Experimentieren Sie mit verschiedenen Gewürzen, Zutaten und Kochtechniken, um Ihre Mahlzeiten aufzupeppen und Ihren Geschmackssinn zu verwöhnen. Verwenden Sie lokale und saisonale Produkte, um das Beste aus der Umgebung und der Natur um Sie herum zu machen. Neben dem Kochen im Freien ist es auch wichtig, die grundlegenden Sicherheitsrichtlinien zu beachten. Achten Sie darauf, dass offenes Feuer nur an den dafür vorgesehenen Stellen entzündet wird und halten Sie immer eine Feuerlöschdecke oder einen Feuerlöscher griffbereit. Vermeiden Sie offene Flammen in der Nähe von brennbaren Materialien und stellen Sie sicher, dass das Feuer vollständig gelöscht ist, bevor Sie Ihr Camp verlassen oder schlafen gehen.

Die Nahrungssuche beim Wildcampen im Winter

Beim Wildcampen im Winter geht es nicht nur darum, die Natur zu erkunden und die Ruhe und Abgeschiedenheit zu genießen, sondern auch um die Erfüllung grundlegender Bedürfnisse wie die Nahrungssuche. In dieser raue Jahreszeit kann es eine besondere Herausforderung sein, Nahrungsmittel in der freien Natur zu finden. Dennoch gibt es Möglichkeiten, wie Sie Ihre Nahrungssuche erfolgreich gestalten können. Eine wichtige Überlegung bei der Nahrungssuche im Winter ist die Auswahl der richtigen Nahrungsmittel, die Ihnen Energie und Nährstoffe liefern, um den körperlichen Anforderungen standzuhalten. Getrocknete Früchte, Nüsse, Konserven, Trockenfleisch und haltbare Lebensmittel sind gute Optionen, die leicht zu transportieren und lange haltbar sind. Diese können als Zwischenmahlzeiten oder Ergänzung zu Ihren selbstgesammelten Lebensmitteln dienen. Planen Sie Ihre Mahlzeiten im Voraus und berücksichtigen Sie die verfügbaren Ressourcen und Ihre eigenen Fähigkeiten in Bezug auf die Nahrungssuche.

Die Spurensuche ist eine wichtige Fähigkeit beim Wildcampen im Winter. Lernen Sie, die Spuren von Tieren zu lesen und ihre Gewohnheiten zu verstehen. Indikatoren wie Fußabdrücke im Schnee, Nahrungsquellen und Kot können Ihnen Hinweise geben, welche Tiere in der Nähe sind und wo Sie Ihre Chancen auf eine erfolgreiche Jagd oder Fischerei erhöhen können. Es ist ratsam, die lokalen Gesetze und Vorschriften zur Jagd und Fischerei zu beachten und nur das zu nehmen, was Sie tatsächlich benötigen. Die Jagd- und Fischtechniken können beim Wildcampen im Winter von unschätzbarem Wert sein, um frisches Fleisch oder Fisch zu erhalten. Es ist wichtig, über die notwendigen Fähigkeiten und Kenntnisse zu verfügen, um die Jagd und Fischerei ethisch und effektiv durchzuführen. Lernen Sie die Techniken des Fallenstellens, des Lockens und des Tarnens, um Ihre Erfolgschancen zu erhöhen. Beachten Sie jedoch, dass die Jagd und Fischerei eine bestimmte Menge an Vorbereitung, Geduld und Wissen erfordert, und respektieren Sie immer die Tiere und ihre Lebensräume.

Die Sammlung von essbaren Pflanzen kann eine ergänzende Möglichkeit sein, Ihre Nahrungssuche beim Wildcampen im Winter zu erweitern. Obwohl die Auswahl an essbaren Pflanzen im Winter begrenzt ist, gibt es dennoch einige Arten, die Sie finden können. Beispielsweise können bestimmte Nadelbäume, wie die Tanne oder die Fichte, Vitamin C-reiche Nadeln liefern, die Sie zu einem Tee verarbeiten können. Auch einige Wurzgewächse wie der Löwenzahn oder die Vogelmiere können auch im Winter essbare Teile haben. Seien Sie jedoch äußerst vorsichtig und stellen Sie sicher, dass Sie die Pflanzen genau identifizieren können, um Verwechslungen mit giftigen Arten zu vermeiden. Es wird empfohlen, vor Ihrer Reise eine gründliche Recherche über essbare Pflanzen in der Region durchzuführen oder sich von einem erfahrenen Wildpflanzenexperten beraten zu lassen. Eine weitere Option für die Nahrungssuche beim Wildcampen im Winter ist die Nutzung natürlicher Ressourcen wie beispielsweise Eiszapfen, die als Wasserquelle dienen können. Schmelzen Sie den Eisvorsichtig und stellen Sie sicher, dass das Wasser sicher zu trinken ist. Seien Sie sich bewusst, dass frisches Wasser in dieser Jahreszeit möglicherweise schwieriger zu finden ist und dass Schnee nicht immer eine zuverlässige Wasserquelle ist, da er aufgrund seines hohen Gehalts an Schadstoffen und Bakterien nicht direkt verzehrt werden sollte. Es ist ratsam, tragbare Wasserfilter oder Reinigungstabletten mitzuführen, um Wasser aus natürlichen Quellen sicher zu machen. Beim Wildcampen im Winter ist es auch wichtig, die Umwelt zu respektieren und nachhaltige Praktiken zu beachten. Seien Sie vorsichtig beim Sammeln von essbaren Pflanzen und halten Sie sich an die Prinzipien des Leave-No-Trace. Vermeiden Sie Übererente und stellen Sie sicher, dass die Pflanzen genügend Zeit haben, sich zu erholen. Achten Sie darauf, keine Schäden an der Umwelt zu verursachen und Ihre Campfläche sauber zu halten.

Kleidung und Schuhwerk:

Der Winter hat seinen frostigen Griff um die Landschaft gelegt und die Natur präsentiert sich in ihrer schneebedeckten Pracht. Doch auch wenn die Temperaturen sinken und der Wind schneidend wird, muss das Draußensein nicht aufgegeben werden. Mit der richtigen Ausrüstung und Kleidung kann das Wintercamping zu einem unvergesslichen Erlebnis werden. Das Schichtenprinzip ist ein bewährtes Konzept, das sich besonders für winterliche Outdoor-Aktivitäten eignet. Anstatt sich in eine dicke Winterjacke zu hüllen, besteht die Idee darin, mehrere Schichten von Kleidung zu tragen, die flexibel an die wechselnden Bedingungen angepasst werden können. Durch das Schichtenprinzip kann man die Körpertemperatur regulieren, indem man bei Bedarf eine Schicht aus- oder anzieht. Die erste Schicht sollte eng anliegend und feuchtigkeitsableitend sein, um Schweiß von der Haut wegzuleiten. Thermounterwäsche aus Funktionsmaterialien wie Merinowolle oder Polyester eignet sich hierfür besonders gut. Diese Materialien halten den Körper warm, auch wenn sie feucht werden. Die mittlere Schicht sollte isolierend sein und die Körperwärme speichern. Hier bieten sich Fleecejacken oder Daunenwesten an. Fleece ist leicht, atmungsaktiv und hält die Wärme selbst in feuchtem Zustand. Daunenwesten sind eine gute Wahl, da sie eine hohe Wärmeleistung bieten, ohne viel Platz im Rucksack einzunehmen. Die äußere Schicht sollte wind- und wasserdicht sein, um vor den Elementen zu schützen. Eine hochwertige Winterjacke mit einer wasserdichten und atmungsaktiven Membran ist hier unerlässlich. Gore-Tex ist ein bekanntes Material, das sowohl wasserdicht als auch atmungsaktiv ist und daher ideal für winterliche Bedingungen geeignet ist.

Neben der Kleidung ist das richtige Schuhwerk beim Wintercamping von entscheidender Bedeutung. Die Füße sind einem erhöhten Risiko ausgesetzt, da sie am nächsten zum kalten Boden sind und leicht auskühlen können. Wasserdichte Schuhe oder Stiefel sind ein absolutes Muss, um die Füße trocken zu halten. Schuhe mit einer isolierten Innensohle helfen, die Körperwärme zu speichern und Kälte abzuhalten. Wichtig ist auch eine rutschfeste Sohle mit gutem Profil, um auf rutschigem Untergrund sicheren Halt zu gewährleisten. Gamaschen können eine zusätzliche Schutzschicht bieten, indem sie Schnee und Feuchtigkeit davon abhalten, in die Schuhe einzudringen. Darüber hinaus sollten Sie auch an Hand- und Fußwärmer denken. Diese kleinen Helfer können einen großen Unterschied machen, wenn es darum geht, die Kälte in Schach zu halten. Handwärmer sind kleine Taschen, die durch Reiben aktiviert werden und wohlige Wärme spenden. Sie können in die Handschuhe gesteckt oder in den Taschen der Jacke platziert werden. Diese Handwärmer enthalten chemische Substanzen, die bei Kontakt mit Sauerstoff eine chemische Reaktion auslösen und dadurch Wärme erzeugen. Fußwärmer funktionieren nach demselben Prinzip und können in die Schuhe oder Stiefel gelegt werden, um die Füße vor dem Auskühlen zu schützen. Sie sind besonders hilfreich bei extrem kalten Temperaturen oder längeren Aktivitäten im Freien.

Abgesehen von der richtigen Kleidung und dem passenden Schuhwerk gibt es noch einige zusätzliche Tipps, um das Wintercamping angenehmer zu gestalten. Es ist wichtig, sich stets trocken zu halten, da feuchte Kleidung die Körperwärme schneller entweichen lässt. Achten Sie daher darauf, dass Ihre Kleidung wasserdicht ist und nehmen Sie gegebenenfalls Wechselkleidung mit. Vermeiden Sie übermäßiges Schwitzen, indem Sie Ihre Kleidung entsprechend der körperlichen Anstrengung anpassen und bei Bedarf Schichten ab- oder hinzufügen. Eine weitere wichtige Maßnahme ist der Schutz vor Unterkühlung. Achten Sie darauf, Ihren Körper ausreichend mit Nahrung und Flüssigkeit zu versorgen, da dies dazu beiträgt, die Körpertemperatur aufrechtzuerhalten. Essen Sie energiereiche Lebensmittel und trinken Sie warme Getränke wie Tee oder heiße Schokolade, um von innen heraus zu wärmen. Tragen Sie außerdem eine warme Mütze oder Stirnband, um den Wärmeverlust über den Kopf zu minimieren, da dieser Bereich besonders empfindlich gegenüber Kälte ist. Neben der Kleidung sollten Sie auch Ihre Ausrüstung sorgfältig auswählen. Ein gut isolierter Schlafsack und eine Isomatte mit hoher R-Wertung (Wärmedämmung) sind unerlässlich, um eine angenehme Nachtruhe zu gewährleisten. Denken Sie daran, dass der Boden im Winter besonders kalt sein kann und die Kälte leicht in den Schlafsack zieht. Ein Zelt mit guter Isolierung und Belüftung ist ebenfalls wichtig, um Feuchtigkeit und Kondensation im Innenraum zu minimieren. Abschließend ist es von großer Bedeutung, dass Sie sich auf Ihre eigenen Körperempfindungen verlassen und auf die Signale achten, die Ihr Körper Ihnen gibt. Erfrierungen und Unterkühlung können ernsthafte Gesundheitsrisiken darstellen. Wenn Sie also Anzeichen von Erfrierungen wie Taubheit, Kribbeln oder Schmerzen an den Extremitäten bemerken, suchen Sie sofort Schutz und wärmen Sie die betroffenen Körperteile auf.

Die Bedeutung von Feuer und Licht im Wintercamping:

Der kalte Winterwind zerrt an den Zeltwänden, die Schneeflocken tanzen im Schein des aufsteigenden Mondes und eine behagliche Wärme breitet sich um das Lagerfeuer aus. Im Wintercamping erfüllt das Feuer eine zentrale Rolle, nicht nur um die Kälte abzuwehren, sondern auch als Quelle der Gemütlichkeit und des Zusammenseins. Die Bedeutung von Feuer und Licht im Wintercamping reicht weit über die bloße Wärme hinaus und trägt zur Schaffung einer einzigartigen Atmosphäre bei, die unvergessliche Erlebnisse ermöglicht. Eine der faszinierendsten Aspekte des Wintercampings ist das Feuermachen. Das Knistern und Knacken des brennenden Holzes erfüllt die Stille der verschneiten Landschaft und weckt eine innere Verbundenheit mit der Natur. Bevor das Feuer entfacht werden kann, bedarf es jedoch einiger Vorbereitung. Das Sammeln von trockenem Brennholz ist essentiell, um das Feuer schnell und effizient zum Brennen zu bringen. Im Winter kann dies eine Herausforderung darstellen, da das Holz oft feucht ist. Doch die Mühe lohnt sich, denn sobald das Feuer entfacht ist, breitet sich eine wohlige Wärme aus, die nicht nur den Körper durchdringt, sondern auch das Herz erwärmt.

Das Feuer ist jedoch nicht nur eine Wärmequelle, sondern auch ein sozialer Mittelpunkt im Wintercamping. Es zieht die Menschen magnetisch an, denn es bietet nicht nur

Schutz vor der Kälte, sondern schafft auch einen Ort des Austauschs und der Geselligkeit. Um das Feuer versammelt, finden sich Campingfreunde zusammen, um Geschichten zu erzählen, Lieder zu singen oder einfach nur in Stille den Flammen zuzuschauen. Die Faszination für das Feuer ist tief in unserer Menschheitsgeschichte verwurzelt. Seit Urzeiten versammeln sich Menschen um das Feuer, um Wärme, Licht und Sicherheit zu finden. Diese uralte Tradition wird im Wintercamping auf besondere Weise wiederbelebt und schafft eine einzigartige Verbundenheit zwischen den Menschen und der Natur. Neben der Bedeutung des Feuers ist auch das Licht ein zentraler Aspekt des Wintercampings. Die kurzen Wintertage bieten nur begrenztes natürliches Licht, und die Dunkelheit fällt früh über die verschneite Landschaft. Hier kommt die Beleuchtung im Wintercamping ins Spiel. Mit modernen LED-Laternen, Stirnlampen und Lichterketten wird die Nacht zum Tag gemacht. Die sorgfältig platzierten Lichtquellen erzeugen eine warme, einladende Atmosphäre und verleihen dem Campingplatz eine ganz besondere Stimmung. Das Licht erfüllt jedoch nicht nur praktische Zwecke, sondern hat auch eine psychologische Bedeutung. Gerade im Winter, wenn die Tage kurz sind und die Dunkelheit überwiegt, spielt Licht eine wichtige Rolle für unser Wohlbefinden. Der warme Schein des Feuers und das sanfte Leuchten der Laternen wirken beruhigend und tragen dazu bei, den Geist zu entspannen und die Stimmung aufzuhellen. Inmitten der winterlichen Kälte und Dunkelheit schafft das

Licht eine Atmosphäre der Geborgenheit und des Trostes. Es ermöglicht es den Campingbegeisterten, dem Alltag zu entfliehen und eine Verbindung zur Natur und zu sich selbst herzustellen. Darüber hinaus erfüllt das Licht im Wintercamping auch praktische Zwecke. Es erhöht die Sichtbarkeit und Sicherheit auf dem Campingplatz, insbesondere bei nächtlichen Aktivitäten wie dem Aufbau des Zeltes oder dem Gang zur Toilette. Stirnlampen, die das Gesicht der Abenteurer sanft erhellen, erleichtern das Navigieren in der Dunkelheit und bieten eine freie Hand für andere Aufgaben. Die gut platzierten Lichtquellen sorgen auch dafür, dass wichtige Bereiche wie Kochstellen oder Wege gut ausgeleuchtet sind, um Unfälle zu vermeiden. Darüber hinaus ermöglicht das Licht im Wintercamping auch das Erleben der Schönheit der umgebenden Natur. Wenn der Schnee unter den Strahlen der Laternen glitzert oder der klare Sternenhimmel von einem leuchtenden Feuer erleuchtet wird, entfaltet sich eine malerische Kulisse, die die Sinne verzaubert. Das Licht bringt die Details der winterlichen Landschaft zur Geltung und ermöglicht es den Campern, die einzigartige Schönheit der Natur auch während der dunklen Wintermonate zu genießen. Es ist wichtig, jedoch verantwortungsbewusst mit Feuer und Licht im Wintercamping umzugehen. Insbesondere in den kalten, trockenen Monaten kann die Brandgefahr erhöht sein. Daher ist es ratsam, nur in dafür vorgesehenen Feuerstellen zu feuern und das Feuer stets unter Aufsicht zu halten. Auch das Licht sollte sparsam eingesetzt werden, um die Dunkelheit der Nacht zu respektieren und unnötige Lichtverschmutzung zu vermeiden. Ein bewusster Umgang mit Feuer und Licht trägt dazu bei, die Umwelt zu schützen und die Sicherheit aller Campingbegeisterten zu gewährleisten.

Winteraktivitäten im Camp:

Während das Feuer knistert und das warme Licht die winterliche Dunkelheit vertreibt, bietet das Wintercamping auch eine Fülle an aufregenden Aktivitäten, die den Geist erfrischen und den Körper beleben. Vom Schneeschuhwandern über das Skifahren bis hin zum Eislaufen und dem altbekannten Schneemannbau – die Möglichkeiten sind vielfältig und laden dazu ein, die majestätische Schönheit des Winters in vollen Zügen zu genießen. Eine der beliebtesten Winteraktivitäten im Camp ist das Schneeschuhwandern. Mit speziellen Schneeschuhen, die das Gewicht über eine größere Fläche verteilen, können Campingenthusiasten durch tiefen Schnee stapfen und abseits ausgetretener Pfade die winterliche Landschaft erkunden. Das leise Knirschen des Schnees unter den Schuhen, die klare Luft und die atemberaubende Aussicht lassen das Herz höher schlagen. Schneeschuhwandern bietet nicht nur eine physische Herausforderung, sondern auch eine tiefe Verbindung zur Natur. Es ermöglicht den Wanderern, in Ruhe die Stille der verschneiten Wälder zu erleben und die Spuren von Wildtieren zu entdecken, die sich sonst im Dickicht verbergen.

Für diejenigen, die ein wenig mehr Action suchen, ist das Skifahren die perfekte Wahl. In der Nähe von Wintercampingplätzen finden sich oft erstklassige Skigebiete, die Abfahrten für jedes Niveau bieten. Ob

Anfänger oder erfahrener Skifahrer, die Freude am Gleiten über frisch präparierte Pisten ist unvergleichlich. Das Gefühl des Windes im Gesicht, während man den Berg hinunterrast, und der Nervenkitzel beim Überwinden steiler Hänge bringen den Adrenalinspiegel zum Steigen. Skifahren im Wintercamping ermöglicht es den Abenteurern, nach einem Tag auf der Piste in das gemütliche Lagerfeuer-Ambiente zurückzukehren und sich mit Gleichgesinnten über die Erlebnisse des Tages auszutauschen. Eine weitere Aktivität, die auf gefrorenen Seen und Teichen möglich ist, ist das Eislaufen. Mit den Schlittschuhen unter den Füßen gleitet man mühelos über das glatte Eis und kann das Gefühl von Freiheit und Leichtigkeit genießen. Eislaufen verbindet Bewegung mit Eleganz und lässt die Camper die winterliche Pracht auf eine ganz besondere Weise erleben. Das Gefühl, in der Natur zu gleiten, begleitet von frischer Luft und klarem Himmel, schafft eine unvergessliche Atmosphäre. Ob alleine, mit der Familie oder mit Freunden - das Eislaufen bietet Spaß für Jung und Alt und fördert gleichzeitig die körperliche Fitness und Koordination.

Und natürlich darf auch der traditionelle Schneemannbau nicht fehlen. Wenn der Schnee in der winterlichen Landschaft glitzert und sich zu weichen Flocken formt, ist es Zeit, der Kreativität freien Lauf zu lassen. Ob groß oder klein, klassisch oder fantasievoll gestaltet, der Bau eines Schneemanns ist eine Aktivität, die den inneren Kindheitserinnerungen Leben einhaucht. Mit geschickten

Händen formt man den Schnee zu Kugeln und stapelt sie übereinander, während die Augen, die Karottennase und der lächelnde Mund dem Schneemann Charakter verleihen. Es ist ein einfacher und doch magischer Prozess, bei dem man sich der Einfachheit und Freude des Winters hingibt. Der stolze Blick auf das vollendete Meisterwerk und das gemeinsame Lachen mit anderen Schneemannbauern schaffen Momente der Unbeschwertheit und des Glücks, die noch lange in Erinnerung bleiben.

All diese Winteraktivitäten im Camp haben nicht nur einen unterhaltsamen Aspekt, sondern auch gesundheitliche Vorteile. Der Winter fordert den Körper auf vielfältige Weise heraus und bringt uns dazu, uns aufzuwärmen, unsere Muskeln zu aktivieren und unsere Koordination zu verbessern. Schneeschuhwandern und Skifahren sind ausgezeichnete Ausdauersportarten, die die Herz-Kreislauf-Funktion stärken und die Beinmuskulatur kräftigen. Das Gleichgewicht und die Körperbeherrschung, die beim Eislaufen gefordert werden, tragen zur Stärkung der Core-Muskulatur und zur Verbesserung der Koordination bei. Selbst der einfache Akt des Schneemannbaus erfordert körperliche Bewegung und fördert die Feinmotorik. Darüber hinaus bieten diese Winteraktivitäten auch eine Flucht aus dem stressigen Alltag und ermöglichen es uns, den Moment zu genießen. Inmitten der majestätischen Schönheit der verschneiten Landschaft und des klaren Winterhimmels können wir den

Geist beruhigen und die Hektik des Alltags hinter uns lassen. Die frische, kühle Luft füllt die Lungen und erfrischt den Geist. Die pure Freude und der Spaß, den diese Aktivitäten bieten, lassen uns die Sorgen vergessen und im Hier und Jetzt leben.

Beim Wintercamping geht es nicht nur um das Überleben in der Kälte, sondern auch um das Erleben der Natur in ihrer winterlichen Pracht. Das Schneeschuhwandern ermöglicht es uns, uns fernab der ausgetretenen Pfade zu bewegen und die unberührte Schönheit der Natur zu entdecken. Beim Skifahren spüren wir die Geschwindigkeit und den Nervenkitzel des Abfahrens und fühlen uns eins mit den schneebedeckten Bergen. Beim Eislaufen erleben wir das Gefühl von Leichtigkeit und Freiheit, während wir über das glatte Eis gleiten. Und der Schneemannbau lässt uns die Freude des kreativen Ausdrucks und des spielerischen Miteinanders erfahren. Winteraktivitäten im Camp sind mehr als nur Zeitvertreib. Sie ermöglichen es uns, die winterliche Natur in all ihrer Pracht zu erleben, unseren Körper zu aktivieren und den Geist zu erfrischen. Von der Ruhe des Schneeschuhwanderns bis zum Nervenkitzel des Skifahrens und der Freude des Eislaufens und Schneemannbauens schaffen diese Aktivitäten unvergessliche Erinnerungen und schaffen eine einzigartige Verbindung zur winterlichen Umgebung. Darüber hinaus fördern Winteraktivitäten im Camp auch die Teamarbeit und das Miteinander. Beim

Schneeschuhwandern, Skifahren oder Eislaufen können Freunde und Familienmitglieder gemeinsam Abenteuer erleben und sich gegenseitig unterstützen. Das gemeinsame Lachen, das Jubeln bei erfolgreichen Abfahrten oder das Händchenhalten beim Schlittschuhlaufen stärken die zwischenmenschlichen Bindungen und schaffen unvergessliche Momente der Verbundenheit.

Neben den physischen und sozialen Vorteilen tragen Winteraktivitäten im Camp auch zur mentalen Gesundheit bei. Der Aufenthalt in der Natur, umgeben von der winterlichen Schönheit, kann Stress reduzieren und das Wohlbefinden steigern. Die frische Luft, das Sonnenlicht, das durch die verschneiten Bäume fällt, und die Ruhe der Natur wirken beruhigend und lassen den Geist zur Ruhe kommen. Es ist eine willkommene Abwechslung zum hektischen Alltag und ermöglicht es uns, uns zu erden und neue Energie zu tanken. Nicht zu vergessen ist auch der spielerische Aspekt dieser Aktivitäten. Beim Schneeschuhwandern können wir uns wie Entdecker in einer weißen Wunderwelt fühlen, beim Skifahren können wir unsere Geschwindigkeitsbegrenzungen austesten, beim Eislaufen können wir elegante Pirouetten drehen und beim Schneemannbau können wir unserer Kreativität freien Lauf lassen. Der spielerische Ansatz bringt uns in Kontakt mit unserer kindlichen Freude und lässt uns den Ernst des Alltags für einen Moment vergessen. Es ist jedoch wichtig, bei Winteraktivitäten im Camp die

Sicherheit im Blick zu behalten. Eine angemessene Ausrüstung, wie Schneeschuhe, Skiausrüstung oder gut sitzende Schlittschuhe, ist unerlässlich, um Verletzungen zu vermeiden. Zudem sollte man sich mit den örtlichen Gegebenheiten und Wetterbedingungen vertraut machen, um potenzielle Gefahren einzuschätzen. Ein bewusstes Handeln und das Einhalten von Sicherheitsregeln sind entscheidend, um die Freude und den Spaß an den Winteraktivitäten zu bewahren.

Körperpflege im Wintercamping:

Inmitten der beeindruckenden winterlichen Landschaft und der aufregenden Aktivitäten im Wintercamping ist es wichtig, die eigene Körperpflege nicht zu vernachlässigen. Obwohl die Bedingungen beim Wintercamping anspruchsvoller sind als in einem traditionellen Hotel oder Zuhause, gibt es dennoch Möglichkeiten, die persönliche Hygiene aufrechtzuerhalten und sich frisch und sauber zu fühlen. Vom Toilettengang über das Duschen bis hin zum Trocknen von Kleidung – eine angemessene Körperpflege trägt zum Wohlbefinden und zur Gesundheit der Campingbegeisterten bei. Beginnen wir mit dem Toilettengang. In vielen Wintercampingplätzen stehen moderne Sanitäranlagen zur Verfügung, die mit Toiletten und Waschgelegenheiten ausgestattet sind. Hier ist es wichtig, die sanitären Einrichtungen sauber und ordentlich zu halten. Nach der Nutzung sollten die Toiletten sorgfältig gereinigt werden, um eine hygienische Umgebung für alle Campinggäste zu gewährleisten. Es ist ratsam, stets eigene Toilettenpapier- und Handdesinfektionsmittel mitzubringen, um auf unvorhergesehene Situationen vorbereitet zu sein. Darüber hinaus ist es wichtig, sich regelmäßig die Hände zu waschen, um Keime zu entfernen und die Verbreitung von Krankheiten zu verhindern. Für das Duschen im Wintercamping gibt es verschiedene Möglichkeiten. Einige Campingplätze bieten beheizte Duschgebäude, in denen warmes Wasser zur Verfügung steht. Es ist ratsam, vorher nach den Duschzeiten und der Verfügbarkeit von Warmwasser zu erkundigen, da dies je nach Standort variieren kann. Beim Duschen im Winter sollte man darauf achten, die Körperwärme zu bewahren, indem man warme Kleidung bereithält und nach dem Duschen schnell trocknet. Es ist wichtig, den Körper gründlich abzutrocknen, um das Risiko von Unterkühlung zu minimieren. Hierbei können Mikrofaserhandtücher besonders hilfreich sein, da sie schnell trocknen und wenig Platz im Gepäck einnehmen.

Das Trocknen von Kleidung stellt eine weitere Herausforderung beim Wintercamping dar. Durch die Schneeaufenthalte und die feuchte Umgebung kann es schwierig sein, Kleidung vollständig zu trocknen. Hier sind einige Tipps, um dieses Problem zu bewältigen: Zunächst sollte man darauf achten, Kleidung möglichst trocken zu halten, indem man wasserdichte und atmungsaktive Materialien wählt. Zusätzlich kann das Auswringen von Kleidungsstücken nach dem Waschen überschüssiges Wasser entfernen. Das Aufhängen von Kleidung in der Nähe einer Wärmequelle, wie beispielsweise einem Lagerfeuer oder einem Heizkörper, kann den Trocknungsprozess beschleunigen. Ein weiterer Trick ist es, feuchte Kleidungsstücke in einen wasserdichten Beutel oder einen speziellen Trockensack zu legen, um sie vor Feuchtigkeit zu schützen. Dies ermöglicht eine langsamere Trocknung und verhindert, dass andere Kleidungsstücke in der Nähe feucht werden. Für den Fall, dass die Kleidung trotz aller Bemühungen nicht vollständig trocknet, kann man auf alternative Lösungen zurückgreifen. Ein praktischer Tipp ist es, trockene Kleidung als zusätzliche Schicht über die noch feuchten Kleidungsstücke zu legen. Dadurch wird die Verdunstung gefördert und die Feuchtigkeit kann schneller entweichen. Das Umdrehen der feuchten Kleidungsstücke während des Trocknungsprozesses kann auch dazu beitragen, dass sie gleichmäßig trocknen.

Es ist auch wichtig, auf die Pflege der Ausrüstung zu achten, insbesondere bei wasserdichten und isolierenden Materialien. Regelmäßige Reinigung und Imprägnierung sorgen dafür, dass die Kleidung ihre Schutzfunktionen beibehält und die Körperwärme erhalten bleibt. Hierbei ist es ratsam, die Herstelleranweisungen zu beachten und spezielle Pflegeprodukte zu verwenden, um die Haltbarkeit der Ausrüstung zu gewährleisten. Neben der Körperpflege sollten Campingbegeisterte auch auf ihre allgemeine Gesundheit achten. Die kalten Temperaturen und die trockene Luft können dazu führen, dass die Haut trocken und rissig wird. Daher ist es ratsam, eine feuchtigkeitsspendende Hautpflege zu verwenden und sich regelmäßig einzucremen, um die Haut geschmeidig zu halten. Das Tragen von warmen und atmungsaktiven Kleidungsschichten, die den Körper vor Kälte und Feuchtigkeit schützen, ist ebenfalls von großer Bedeutung.

Schlafen im Schnee:

Von Isolationsschichten bis hin zur Wahl des richtigen Schlafsystems, das Schlafen im Schnee stellt eine besondere Herausforderung beim Wintercamping dar. Doch mit der richtigen Ausrüstung und einigen bewährten Techniken kann man auch in der eisigen Kälte eine erholsame Nacht im Schnee verbringen. Das Thema "Schlafen im Schnee" umfasst Aspekte wie die Auswahl der richtigen Schlafunterlage, das Isolieren des Schlafbereichs, die Wahl des geeigneten Schlafsacks und den Umgang mit möglichen Herausforderungen, um einen erholsamen Schlaf zu gewährleisten. Ein entscheidender Faktor für eine gute Nachtruhe im Schnee ist die Wahl der richtigen Schlafunterlage. Bei winterlichen Temperaturen ist es wichtig, eine Unterlage zu verwenden, die ausreichend isoliert und vor Kälte von unten schützt. Spezielle Winter-Isomatten, die eine zusätzliche Schicht aus isolierendem Material bieten, sind eine gute Wahl. Sie minimieren den Wärmeverlust und bieten eine angenehme Liegefläche. Ein weiterer Aspekt ist die Dicke der Isomatte. Je dicker sie ist, desto besser ist die Isolation und desto bequemer liegt man auf unebenem Boden. Es empfiehlt sich auch, eine Unterlage mit einer rutschfesten Unterseite zu wählen, um ein Verrutschen während des Schlafs zu vermeiden.

Um den Schlafbereich im Schnee optimal zu isolieren, kann man zusätzlich zur Isomatte auch eine sogenannte

Schneeunterlage verwenden. Dabei handelt es sich um eine spezielle Folie oder Plane, die zwischen dem Schnee und der Isomatte platziert wird. Sie verhindert, dass die Körperwärme durch den Schnee abgeleitet wird und bietet zusätzliche Isolation von unten. Eine Schneeunterlage ist besonders dann hilfreich, wenn der Boden feucht oder verschneit ist. Die Wahl des richtigen Schlafsacks ist ein weiterer wichtiger Faktor für eine erholsame Nacht im Schnee. Bei kalten Temperaturen ist ein Schlafsack mit einer hohen Wärmeisolierung erforderlich. Schlafsäcke für den Winter sind in der Regel mit einer dickeren Isolationsschicht und einer wärmeabschirmenden Kapuze ausgestattet. Es ist ratsam, einen Schlafsack zu wählen, der für die erwarteten Temperaturen geeignet ist und aus hochwertigen Materialien besteht. Eine zusätzliche Option ist der Einsatz eines Schlafsackliners, der die Wärmeleistung des Schlafsacks erhöht und gleichzeitig für mehr Hygiene sorgt. Um die Körperwärme effektiv im Schlafsack zu halten, ist die Wahl der richtigen Kleidung von entscheidender Bedeutung. Das Tragen von atmungsaktiver Funktionskleidung und das Schichtenprinzip sind hierbei ratsam. Dabei werden mehrere dünne Kleidungsschichten übereinander getragen, um eine bessere Isolation und eine effiziente Feuchtigkeitsregulierung zu gewährleisten. Eine Mütze und warme Socken sind ebenfalls empfehlenswert, um den Kopf und die Füße warm zu halten. Es ist wichtig, darauf zu achten, dass die Kleidung sauber und trocken ist, um Feuchtigkeit und Kälte fernzuhalten.

Ein weiterer wichtiger Faktor für einen erholsamen Schlaf im Schnee ist die Wahl des richtigen Schlafplatzes. Es ist ratsam, einen Bereich zu suchen, der vor Wind und Schneeverwehungen geschützt ist. Das Aufstellen des Zeltes oder des Biwaksacks in einer geschützten Mulde oder hinter einer natürlichen Barriere wie einem Baum oder Felsen kann den Schlafplatz vor den härtesten Elementen abschirmen. Es ist auch wichtig, den Boden vor dem Schlafengehen gründlich zu prüfen und unebene Stellen oder hervorstehende Objekte zu entfernen, um den Schlafkomfort zu verbessern. Um die Kälte während der Nachtstunden abzuschirmen, ist das richtige Abdichten des Schlafbereichs entscheidend. Dies kann durch das Aufstellen eines Windschutzes um das Zelt oder durch das Anbringen von Schneewänden um den Schlafplatz erreicht werden. Schneewände dienen nicht nur als Isolierung, sondern bieten auch zusätzlichen Schutz vor Wind und Wetter. Es ist wichtig, den Windschutz so zu positionieren, dass er den Schlafbereich effektiv abschirmt, ohne den Luftstrom zu behindern. Eine weitere Herausforderung beim Schlafen im Schnee ist die Kondensation. Die Körperwärme und die Atemluft können im Inneren des Schlafbereichs kondensieren und zu Feuchtigkeit führen. Dies kann vermieden werden, indem man den Schlafsack und die Schlafbekleidung vor dem Schlafengehen gut auslüftet und sicherstellt, dass ausreichend Belüftungsmöglichkeiten im Zelt vorhanden sind. Das Tragen von Kleidung aus atmungsaktiven Materialien und das Vermeiden von übermäßiger

Bekleidung können ebenfalls dazu beitragen, die Kondensation zu reduzieren. Zusätzlich zu den genannten Tipps und Techniken ist es wichtig, auf den eigenen Körper zu hören und auf mögliche Anzeichen von Unterkühlung oder Überhitzung zu achten. Es ist ratsam, vor dem Schlafengehen noch etwas zu essen, um den Körper mit ausreichend Energie zu versorgen. Das Trinken von warmen Flüssigkeiten wie Tee oder heißer Schokolade kann ebenfalls dazu beitragen, den Körper von innen zu erwärmen.

Bewegung und Sport im Schnee:

Während das Schlafen im Schnee eine erholsame Ruhephase im Wintercamping ermöglicht, ist es auch wichtig, sich tagsüber zu bewegen und aktiv zu sein. Die winterliche Natur bietet eine Vielzahl von Möglichkeiten, um sich sportlich zu betätigen und den Körper in Bewegung zu bringen. Vom Skilanglauf über das Schneeschuhwandern bis hin zum Eisklettern - die Aktivitäten im Schnee sind abwechslungsreich und ermöglichen es uns, die atemberaubende Landschaft auf ganz besondere Weise zu erleben. Skilanglauf ist eine der beliebtesten Sportarten im Wintercamping und bietet eine fantastische Möglichkeit, die winterliche Natur zu erkunden. Mit den Skiern an den Füßen gleitet man sanft über die verschneiten Loipen und genießt die Ruhe und Stille der Landschaft. Skilanglauf ist nicht nur ein ausgezeichneter Ausdauersport, sondern auch eine hervorragende Möglichkeit, die Beinmuskulatur zu stärken und den gesamten Körper zu trainieren. Dabei kann man das Tempo individuell anpassen und die Herausforderung je nach Fitnesslevel steigern. Ob Anfänger oder erfahrener Langläufer, die Naturerlebnisse und die frische Luft machen das Skilanglaufen zu einer unvergesslichen Aktivität im Schnee.

Für diejenigen, die eine etwas langsamere Geschwindigkeit bevorzugen, ist das Schneeschuhwandern eine ausgezeichnete Option. Mit speziellen Schneeschuhen, die eine größere Auftrittsfläche bieten, kann man problemlos durch den tiefen Schnee wandern und dabei die winterliche Pracht in vollen Zügen genießen. Schneeschuhwandern ermöglicht es, abseits ausgetretener Pfade zu gehen und Orte zu entdecken, die für andere schwer zugänglich sind. Es ist eine Aktivität, bei der man sich Zeit nehmen und die Schönheit der Natur auf sich wirken lassen kann. Das sanfte Knirschen des Schnees unter den Schneeschuhen und das klare Knacken des winterlichen Eises erzeugen eine besondere Atmosphäre der Verbundenheit mit der Natur. Für diejenigen, die nach einer Herausforderung suchen, bietet das Eisklettern eine aufregende und anspruchsvolle Aktivität im Schnee. Mit Steigeisen und Eispickeln ausgerüstet, kann man gefrorene Wasserfälle und Eisformationen erklimmen und dabei ein ganz neues Gefühl von Adrenalin und Abenteuerlust erleben. Eisklettern erfordert Kraft, Ausdauer und Geschicklichkeit und ist eine großartige Möglichkeit, die eigenen Grenzen zu überwinden und das Gefühl der Erfüllung zu erleben, wenn man den Gipfel erreicht. Es ist jedoch wichtig, Eisklettern nur mit angemessener Ausrüstung und unter Anleitung erfahrener Führer oder Instruktoren durchzuführen, um die Sicherheit zu gewährleisten.

Neben diesen spezifischen Sportarten gibt es noch viele weitere Möglichkeiten, sich im Schnee zu bewegen und Spaß zu haben. Rodeln, Snowboarden, Schlittschuhlaufen und Schneeballschlachten sind nur einige Beispiele für weitere Aktivitäten, die im Schnee angeboten werden. Rodeln ist eine beliebte Wahl für Jung und Alt. Man setzt sich auf einen Schlitten und saust die Hügel hinunter, voller Freude und Adrenalin. Snowboarden hingegen bietet die Möglichkeit, die steilen Abhänge hinunterzufahren und Tricks und Sprünge zu zeigen. Schlittschuhlaufen auf zugefrorenen Seen oder speziellen Eisbahnen verleiht einem das Gefühl von Leichtigkeit und Eleganz, während man sich elegant über das Eis bewegt. Schneeballschlachten sind ein Spaß für die ganze Familie, bei dem man sich im Wettbewerb um die besten Treffer und das größte Lachen messen kann. Egal für welche Aktivität man sich entscheidet, es ist wichtig, einige grundlegende Sicherheitsvorkehrungen zu treffen. Dazu gehört das Tragen der richtigen Schutzausrüstung wie Helm und Schutzbrille beim Snowboarden oder Eisklettern. Es ist auch wichtig, die Fähigkeiten und Grenzen zu kennen und sich nicht übermäßig zu überfordern. Das Einhalten von Verhaltensregeln und das Respektieren der Natur und anderer Menschen ist ebenfalls von großer Bedeutung. Neben der körperlichen Betätigung sollten Campingbegeisterte auch auf ausreichende Flüssigkeitszufuhr und eine ausgewogene Ernährung achten. Im Wintercamping ist es wichtig, genügend Wasser zu trinken, da die kalten Temperaturen die Austrocknung des Körpers begünstigen können. Das Essen von nahrhaften Mahlzeiten, die reich an Proteinen, Kohlenhydraten und gesunden Fetten sind, liefert die notwendige Energie für körperliche Aktivitäten im Schnee. Schlussendlich bieten Bewegung und Sport im Schnee nicht nur körperliche Vorteile, sondern auch eine unvergleichliche Erfahrung in der winterlichen Natur. Die Aktivitäten fördern die Fitness, stärken den Körper und den Geist und lassen uns die Schönheit der Natur auf eine ganz neue Art und Weise erleben. Der Nervenkitzel, die Freude und die Herausforderungen, die diese Aktivitäten bieten, schaffen unvergessliche Erinnerungen und bringen uns näher zu uns selbst und zur Natur. Ob man sich für Skilanglauf, Schneeschuhwandern, Eisklettern oder eine andere Aktivität im Schnee entscheidet, das Wichtigste ist, den Moment zu genießen und sich von der Magie des Wintersports verzaubern zu lassen. Die Kombination aus Bewegung, Natur und Abenteuer schafft eine einzigartige Erfahrung, die sowohl Körper als auch Geist stärkt. Also schnallt die Skier an, schnappt euch die Schneeschuhe oder klettert aufs Eis - der Schnee ruft nach Aktivitäten und unvergesslichen Erlebnissen im Wintercamping.

Tipps für das Fahren auf Schnee und Eis:

Das Fahren auf schneebedeckten Straßen und vereisten Flächen erfordert besondere Vorsicht und die richtigen Kenntnisse, um die Sicherheit zu gewährleisten. Wintercampingausflüge können eine Herausforderung für Fahrer sein, aber mit einigen Tipps und bewährten Techniken kann man sicher und zuverlässig durch die winterliche Landschaft navigieren. Von der Wahl der richtigen Reifen über den Einsatz von Schneeketten bis hin zur behutsamen Anwendung von Bremsen und Lenken - hier sind einige wichtige Ratschläge für das Fahren auf Schnee und Eis. Eine der wichtigsten Maßnahmen für das Fahren im Winter ist die Verwendung von Winterreifen. Winterreifen sind speziell für kalte Temperaturen und winterliche Bedingungen ausgelegt. Sie bieten eine verbesserte Traktion und kürzere Bremswege auf schneebedeckten oder vereisten Straßen. Die Profiltiefe und das spezielle Laufflächendesign ermöglichen eine bessere Ableitung von Schnee und Wasser und bieten somit mehr Kontrolle über das Fahrzeug. Winterreifen sind in vielen Ländern gesetzlich vorgeschrieben und sollten unbedingt verwendet werden, um die Sicherheit während des Wintercampings zu gewährleisten. Wenn die Straßenverhältnisse extrem sind, kann der Einsatz von Schneeketten erforderlich sein. Schneeketten bieten zusätzliche Traktion und verbessern die Haftung der Reifen auf schnee- oder eisbedeckten Straßen. Sie werden in der Regel auf die Antriebsräder des Fahrzeugs montiert und sollten gemäß den Herstelleranweisungen angebracht werden. Bevor man eine längere Fahrt auf schneebedeckten Straßen unternimmt, ist es ratsam, das Anbringen und Entfernen der Schneeketten zu üben, um im Ernstfall sicher und schnell handeln zu können.

Eine der größten Herausforderungen beim Fahren auf Schnee und Eis ist das Bremsen. Das Bremsen auf rutschigem Untergrund erfordert eine behutsame und vorausschauende Fahrweise. Um die Bremswege zu verkürzen, ist es wichtig, den Fuß sanft und gleichmäßig auf das Bremspedal zu setzen. Statt stark zu bremsen, ist es empfehlenswert, die Geschwindigkeit bereits im Voraus zu reduzieren, indem man das Gaspedal frühzeitig löst. Durch das Vermeiden von plötzlichen Bremsmanövern wird das Risiko des Ausbrechens des Fahrzeugs und des Verlusts der Kontrolle minimiert. Es ist auch ratsam, ausreichend Abstand zum vorausfahrenden Fahrzeug zu halten, um genügend Reaktionszeit zu haben. Das Lenken auf schneebedeckten Straßen erfordert ebenfalls besondere Aufmerksamkeit. Um die Kontrolle über das Fahrzeug zu behalten, ist es wichtig, die Lenkbewegungen ruhig und sanft auszuführen. Plötzliche und hektische Lenkmanöver können dazu führen, dass das Fahrzeug ins Schleudern gerät. Wenn das Fahrzeug ins Rutschen gerät, ist es wichtig, Ruhe zu bewahren und kontrollierte Gegenlenkbewegungen auszuführen. Durch das sanfte Einlenken in die Richtung, in die das Fahrzeug rutscht, kann man die Kontrolle wiedererlangen und das Fahrzeug stabilisieren. Es ist auch ratsam, beim Lenken auf Schnee und Eis größere Kurvenradien zu wählen, um das Risiko von Unter- oder Übersteuern zu minimieren.

Eine weitere hilfreiche Technik beim Fahren auf Schnee und Eis ist das Ausnutzen des Grip-Bereichs der Straße. Der Bereich entlang der Fahrspuren, auf dem sich bereits andere Fahrzeuge befunden haben, ist in der Regel besser befahrbar, da der Schnee durch die Reifenabnutzung komprimiert wurde. Indem man die Reifen auf diesem Bereich hält, kann man eine bessere Traktion und Kontrolle über das Fahrzeug gewährleisten. Es ist jedoch wichtig, vorsichtig zu sein, da sich der Grip-Bereich mit der Zeit verändern kann und es zu eisigen Abschnitten kommen kann. Darüber hinaus ist es ratsam, sich auf die Straßenverhältnisse vorzubereiten, indem man die Wettervorhersage und die aktuellen Straßenbedingungen überprüft. Informationen über mögliche Verkehrsbeeinträchtigungen, Straßensperrungen oder Gefahrenstellen können dazu beitragen, unangenehme Überraschungen zu vermeiden. Es ist auch wichtig, ausreichend Zeit für die Fahrt einzuplanen, um Stress und Hektik zu vermeiden. Eine ruhige und konzentrierte Fahrweise ist der Schlüssel zur Sicherheit beim Fahren auf schneebedeckten Straßen. Zusätzlich zu den genannten Tipps ist es ratsam, über ein Notfallset zu verfügen, das wichtige Utensilien wie einen Eiskratzer, eine Schneeschaufel, zusätzliche warme Kleidung, Decken und eine Taschenlampe enthält. Es kann auch hilfreich sein, einen mobilen Schneefallreifen zu verwenden, der bei Bedarf zusätzliche Traktion bietet. Die Planung der Route im Voraus, die Vermeidung von steilen Abhängen und das Informieren von Freunden oder Familienmitgliedern über die Reiseroute können ebenfalls zur Sicherheit beitragen. Das Fahren auf Schnee und Eis erfordert Geduld, Aufmerksamkeit und die richtigen Fahrtechniken. Durch die Verwendung von Winterreifen, Schneeketten, behutsames Bremsen und Lenken sowie die Vorbereitung auf mögliche Gefahren kann man sicher und zuverlässig durch die winterliche Landschaft fahren. Es ist wichtig, sich der Witterungsbedingungen bewusst zu sein, die Geschwindigkeit anzupassen und aufmerksam zu bleiben. Mit diesen Tipps kann das Fahren im Schnee und Eis eine sichere und angenehme Erfahrung beim Wintercamping werden, während man die atemberaubende Schönheit der Natur in vollen Zügen genießt.

Wintercamping mit Kindern:

Das Wintercamping mit Kindern bietet eine wunderbare Möglichkeit, die Freuden der Natur und die Magie der kalten Jahreszeit gemeinsam zu erleben. Mit der richtigen Planung, den passenden Aktivitäten und einigen wichtigen Sicherheitsvorkehrungen kann das Wintercamping zu einem unvergesslichen Abenteuer für die ganze Familie werden. Von Schneeballschlachten bis hin zum Schlittenfahren - hier sind einige Tipps, um das Wintercamping mit Kindern zu einem Erfolg zu machen. Die Wahl des richtigen Campingplatzes ist ein entscheidender Faktor für ein gelungenes Wintercamping mit Kindern. Es ist ratsam, einen Campingplatz zu wählen, der kinderfreundlich ist und verschiedene Möglichkeiten für winterliche Aktivitäten bietet. Ein Campingplatz mit flachen Geländeabschnitten und gut gepflegten Wegen ist ideal, um das Toben im Schnee und das Herumlaufen der Kinder zu erleichtern. Es kann auch hilfreich sein, nach Campingplätzen zu suchen, die kinderorientierte Einrichtungen wie Spielplätze oder betreute Aktivitäten anbieten.

Bei der Wahl der Unterkunft ist es wichtig, eine geeignete Campingausrüstung für Kinder zu berücksichtigen. Kinder benötigen möglicherweise einen eigenen Schlafsack und eine entsprechende Isomatte, die ihren Größen- und Temperaturanforderungen entsprechen. Es ist auch ratsam, zusätzliche warme Kleidungsschichten,

Handschuhe, Mützen und warme Socken für die Kinder einzupacken. Sicherheit geht vor, daher sollte man auch an Kindersicherungen für Zelte oder Wohnmobile denken, um Verletzungen zu vermeiden. Beim Wintercamping mit Kindern dreht sich alles um die Aktivitäten im Freien. Es gibt zahlreiche Möglichkeiten, den Winterzauber gemeinsam zu erleben. Schneeballschlachten, Schneemannbauen, Schlittenfahren oder das Entdecken von Spuren im Schnee sind nur einige der Aktivitäten, die Kinder begeistern. Es ist wichtig, die Bedürfnisse und Fähigkeiten der Kinder zu berücksichtigen und Aktivitäten zu wählen, die ihrem Alter und ihren Interessen entsprechen. Das Erkunden der winterlichen Natur, das Beobachten von Tierspuren oder das Sammeln von Naturmaterialien für kreative Projekte können zu unvergesslichen Erfahrungen werden.

Sicherheit ist beim Wintercamping mit Kindern von größter Bedeutung. Es ist ratsam, sich über die aktuellen Wetterbedingungen zu informieren und die Kinder entsprechend zu kleiden. Warme und wetterfeste Kleidung, einschließlich wasserdichter Stiefel, Handschuhe und Mützen, sollte getragen werden, um Unterkühlung und Frostschutz zu vermeiden. Das Tragen von Sonnenschutz ist ebenfalls wichtig, da die Sonnenstrahlen auch im Winter schädlich sein können, insbesondere in schneebedeckten Gebieten. Es ist ratsam, die Kinder immer im Blick zu behalten und in der Nähe zu bleiben, insbesondere wenn sie sich in unmittelbarer Nähe von Wasser, steilen Hängen oder gefrorenen Gewässern aufhalten. Es ist wichtig, den Kindern beizubringen, dass sie niemals alleine auf gefrorenes Eis gehen sollten und immer in Begleitung eines Erwachsenen bleiben müssen. Das Eis kann unvorhersehbar sein und es besteht immer das Risiko, dass es bricht. Eine gute Möglichkeit, die Kinder über die Gefahren des Eises aufzuklären, ist es, ihnen die Bedeutung von Eisstärke und Sicherheitsvorkehrungen beizubringen. Es ist auch wichtig, ihnen beizubringen, was sie tun sollten, wenn jemand ins Eis einbricht, wie zum Beispiel laut um Hilfe rufen und nicht versuchen, selbständig zu retten.

Eine weitere Sicherheitsmaßnahme beim Wintercamping mit Kindern ist das Einüben von Notfallplänen und das Mitführen eines Erste-Hilfe-Kits. Es ist ratsam, den Kindern beizubringen, wie sie im Notfall reagieren sollen, wie zum Beispiel das Wissen über die Nummer des Rettungsdienstes und das Verständnis für die Bedeutung von Ruhe und Zuversicht in solchen Situationen. Das Mitführen eines gut ausgestatteten Erste-Hilfe-Kits ermöglicht es, kleine Verletzungen vor Ort zu versorgen und bei Bedarf medizinische Hilfe zu leisten. Darüber hinaus ist es wichtig, den Kindern den Respekt vor der Natur beizubringen. Das Wintercamping bietet eine großartige Gelegenheit, über den Naturschutz zu sprechen und die Bedeutung des respektvollen Umgangs mit der Umwelt zu betonen. Die Kinder können lernen, dass sie ihre Abfälle ordnungsgemäß entsorgen, die Tierwelt nicht stören und die Pflanzen und Bäume in ihrer natürlichen Umgebung belassen sollten. Durch dieses Bewusstsein entwickeln die Kinder eine tiefere Wertschätzung für die Natur und werden zu verantwortungsvollen Naturschützern. Neben den Sicherheitsaspekten ist es wichtig, das Wintercamping mit Kindern zu einer spaßigen und unvergesslichen Erfahrung zu machen. Die Kinder können in die Planung einbezogen werden, indem sie bei der Auswahl der Aktivitäten oder der Gestaltung des Campingplatzes mitwirken dürfen. Das gemeinsame Kochen von Mahlzeiten am Lagerfeuer, das Erzählen von Geschichten unter dem Sternenhimmel oder das Spielen von Brettspielen in gemütlicher Atmosphäre schafft besondere Erinnerungen und stärkt die Familienbindung.

Der richtige Umgang mit Tieren im Wintercamping:

Das Wintercamping bietet nicht nur uns Menschen die Möglichkeit, die winterliche Natur zu erkunden, sondern auch eine Vielzahl von Tieren kreuzen unseren Weg. Vom eigenen Haustier bis hin zu wild lebenden Tieren gibt es einige wichtige Aspekte, die beim Umgang mit Tieren im Wintercamping zu beachten sind. Dabei geht es um Respekt vor ihrer Umgebung, angemessene Fütterung und das Erkennen von Spuren, um die Tiere in ihrer natürlichen Umgebung zu beobachten. Der richtige Umgang mit Haustieren beim Wintercamping ist von großer Bedeutung. Haustiere wie Hunde oder Katzen können ebenfalls die winterliche Natur genießen, jedoch sollte ihre Anwesenheit sorgfältig kontrolliert und ihre Bedürfnisse berücksichtigt werden. Es ist wichtig, dass Haustiere immer unter Aufsicht gehalten werden und nicht frei herumlaufen dürfen. Manche Campingplätze haben spezielle Bereiche, in denen Haustiere herumlaufen dürfen, während andere das Mitbringen von Haustieren möglicherweise nicht gestatten. Es ist ratsam, die Regeln des Campingplatzes zu überprüfen und sicherzustellen, dass Haustiere in der Umgebung willkommen sind. Zudem ist es wichtig, die Tiere während des Campings warm zu halten und ausreichend Wasser und Nahrung zur Verfügung zu stellen.

Beim Wintercamping begegnen wir auch wild lebenden Tieren, und es ist wichtig, ihnen mit Respekt und Vorsicht zu begegnen. Wildtiere sollten nicht absichtlich gefüttert oder gestört werden. Das Füttern von Wildtieren kann zu einer Abhängigkeit von menschlicher Nahrung führen und die natürlichen Verhaltensweisen der Tiere beeinträchtigen. Es ist wichtig zu bedenken, dass die Tiere ihre eigenen natürlichen Nahrungsquellen haben und durch das Füttern von Menschen möglicherweise ungesunde Nahrung erhalten. Es ist ratsam, Wildtiere aus sicherer Entfernung zu beobachten und ihre natürlichen Verhaltensweisen nicht zu stören. Das Fotografieren von wilden Tieren kann eine großartige Möglichkeit sein, die Schönheit der Natur festzuhalten, jedoch sollte man darauf achten, dass man den Tieren nicht zu nahe kommt und ihre Lebensräume respektiert. Das Erkennen von Spuren im Schnee und das Verständnis der Tierwelt kann beim Wintercamping eine faszinierende Erfahrung sein. Das Spurenlesen ermöglicht es uns, herauszufinden, welche Tiere in der Umgebung aktiv sind und welche Pfade sie nutzen. Es ist spannend, die verschiedenen Spuren im Schnee zu identifizieren und zu verstehen, wie die Tiere sich fortbewegen. Von den Abdrücken der Pfoten bis hin zu Kratzspuren an Bäumen oder im Boden - jede Spur erzählt eine Geschichte über das Leben der Tiere. Durch das Erkennen von Spuren können wir mehr über die Tierwelt lernen und eine tiefere Verbindung zur Natur herstellen.

Es ist wichtig zu beachten, dass wir die Tiere in ihrer natürlichen Umgebung nicht stören oder gefährden sollten. Das bedeutet, dass wir uns ruhig verhalten und uns nicht zu nah an die Tiere heranwagen sollten. Das Beobachten und Fotografieren aus sicherer Entfernung ist die beste Möglichkeit, die Tiere in ihrem natürlichen Verhalten zu beobachten, ohne sie zu stören. Beim Wintercamping können wir auch dazu beitragen, die Tierwelt zu schützen, indem wir unsere Umgebung sauber halten und keinen Müll oder Essensreste zurücklassen. Abfälle können dazu führen, dass Tiere angelockt werden und sich daran gewöhnen, menschliche Nahrung zu suchen. Dies kann zu unerwünschten Begegnungen und Konflikten führen. Es ist wichtig, den Campingplatz und die umliegende Natur in einem sauberen Zustand zu hinterlassen, damit die Tiere ihre natürlichen Verhaltensweisen beibehalten können. Ein weiterer wichtiger Aspekt des richtigen Umgangs mit Tieren im Wintercamping ist die Achtung der örtlichen Vorschriften und Schutzgebiete. Es ist ratsam, sich über die spezifischen Regeln und Richtlinien für das Campen in der Region zu informieren, in der man sich befindet. Einige Gebiete können bestimmte Zeiten oder Bereiche festlegen, in denen Camping nicht erlaubt ist, um die Tiere vor Störungen während ihrer Fortpflanzungs- oder Ruhephasen zu schützen. Es ist wichtig, diese Vorschriften zu respektieren und verantwortungsbewusst zu handeln, um die Tierwelt und ihre Lebensräume zu erhalten. Das Wintercamping bietet eine einzigartige Gelegenheit, die Tierwelt in ihrer winterlichen Pracht zu erleben. Indem wir den Tieren mit Respekt begegnen, angemessen füttern, ihre Spuren lesen und ihre Lebensräume schützen, können wir eine harmonische Beziehung zur Natur aufbauen. Das Beobachten von Tieren in ihrer natürlichen Umgebung eröffnet uns eine neue Perspektive und erinnert uns daran, dass wir Teil eines größeren Ökosystems sind. Durch den richtigen Umgang mit Tieren im Wintercamping können wir nicht nur wertvolle Erkenntnisse gewinnen, sondern auch dazu beitragen, die Tierwelt für zukünftige Generationen zu bewahren. Insgesamt ist der respektvolle Umgang mit Tieren im Wintercamping von großer Bedeutung. Ob es sich um unsere eigenen Haustiere handelt oder um wild lebende Tiere, wir sollten stets ihre Bedürfnisse und ihre natürliche Umgebung berücksichtigen. Das Beobachten, Fotografieren und das Verständnis für ihre Verhaltensweisen sind wertvolle Erfahrungen, die uns eine tiefere Verbundenheit mit der Natur ermöglichen. Lasst uns also mit Respekt und Achtsamkeit die Tierwelt im Wintercamping genießen und unseren Kindern die Schönheit und Bedeutung des respektvollen Umgangs mit Tieren vermitteln.

Die Bedeutung von Wasser im Wintercamping:

Die winterliche Landschaft ist von einer unvergleichlichen Schönheit geprägt, wenn die Berge mit einer weißen Schicht aus Schnee bedeckt sind und die klare, kalte Luft den Atem sichtbar macht. Für viele Menschen ist das Wintercamping eine reizvolle Möglichkeit, die Stille und Ruhe der Natur zu erleben und dem Alltagstrubel zu entfliehen. Doch während des Winters stellt das Element Wasser eine besondere Herausforderung dar, denn bei niedrigen Temperaturen kann es schnell zu Problemen kommen. Das wichtigste Element des Lebens, das Wasser, ist auch beim Wintercamping von essentieller Bedeutung. Die Versorgung mit ausreichend Trinkwasser ist unerlässlich, um den Körper hydratisiert zu halten und die körperliche Leistungsfähigkeit aufrechtzuerhalten. In der kalten Winterluft wird der Körper schnell dehydriert, da die trockene Luft Feuchtigkeit aufnimmt und der Atem beim Ausatmen Wasser abgibt. Daher ist es von größter Wichtigkeit, stets ausreichend Trinkwasservorräte mitzuführen, um einer Dehydrierung vorzubeugen.

Eine weitere Wasserquelle beim Wintercamping ist das Schmelzwasser. Durch den Schnee und das Eis in der Umgebung gibt es in der Regel genügend Schmelzwasser, das als Alternative zur Trinkwasserversorgung genutzt werden kann. Es ist jedoch wichtig, dieses Schmelzwasser vor dem Verzehr zu behandeln, um mögliche Kontaminationen zu vermeiden. Durch das Schmelzen von Schnee und Eis können Verunreinigungen wie Schmutzpartikel, Tierausscheidungen oder Schadstoffe in das Wasser gelangen. Um das Schmelzwasser sicher nutzen zu können, empfiehlt es sich, es vor der Verwendung zu filtern und zu desinfizieren.

Die Wasseraufbereitung spielt beim Wintercamping eine entscheidende Rolle, um das verfügbare Wasser sicher und trinkbar zu machen. Eine Möglichkeit der Wasseraufbereitung ist die Verwendung von Wasserfiltern, die kleinste Schmutzpartikel und Mikroorganismen aus dem Wasser entfernen. Es gibt verschiedene Arten von Wasserfiltern, darunter Keramikfilter, Aktivkohlefilter oder Membranfilter, die je nach individuellen Bedürfnissen ausgewählt werden können. Zusätzlich zur Filtration ist die Desinfektion des Wassers mit chemischen Mitteln wie Chlor- oder Iodtabletten eine effektive Methode, um potenziell schädliche Bakterien, Viren und Protozoen abzutöten. Die Kombination aus Filtration und Desinfektion gewährleistet eine sichere Wasserversorgung, selbst in abgelegenen Wintercampinggebieten.

Ein weiterer Aspekt beim Wintercamping ist das Eisschmelzen, insbesondere wenn keine ausreichenden Vorräte an Trinkwasser vorhanden sind. Das Eisschmelzen bietet eine Möglichkeit, Wasser aus Eisquellen wie gefrorenen Seen oder Flüssen zu gewinnen. Allerdings ist auch hier Vorsicht geboten, da das geschmolzene Eis nicht automatisch trinkbar ist. Eis kann ebenfalls Verunreinigungen enthalten, die während der Bildung des Eises eingefroren wurden. Daher ist es ratsam, das geschmolzene Eis zu filtern und zu desinfizieren, um potenzielle gesundheitliche Risiken zu minimieren. Beim Eisschmelzen ist es wichtig, die richtige Methode zu verwenden, um effizient und sicher an Wasser zu gelangen. Eine Möglichkeit besteht darin, das Eis in einem Behälter zu schmelzen und dann das geschmolzene Wasser abzutrennen. Dies kann durch Abgießen oder Abschöpfen erfolgen, wobei darauf geachtet werden sollte, dass das geschmolzene Wasser von eventuellen Verunreinigungen am Boden des Behälters getrennt wird. Eine andere Methode ist das Schmelzen des Eises direkt in einem Topf oder einer Pfanne über einer Wärmequelle wie einem Campingkocher. Hierbei ist es wichtig, die Hitze vorsichtig zu dosieren, um das Eis gleichmäßig und kontrolliert schmelzen zu lassen.

Neben der Versorgung mit Trinkwasser spielt Wasser auch eine wichtige Rolle bei der Körperpflege und der Reinigung von Utensilien beim Wintercamping. Das Waschen der Hände und des Gesichts sowie das Spülen von Geschirr und Kochutensilien sind essentielle hygienische Maßnahmen, um die Gesundheit zu erhalten. Dabei ist es ratsam, biologisch abbaubare Seifen und Reinigungsmittel zu verwenden, um die Umweltbelastung zu minimieren. Das genutzte Wasser sollte nach Möglichkeit nicht in die Natur gelangen, sondern in geeigneten Behältern gesammelt und anschließend ordnungsgemäß entsorgt werden. Darüber hinaus ist es beim Wintercamping wichtig, den Zustand des Wassers stets im Auge zu behalten. Niedrige Temperaturen können dazu führen, dass Wasser schnell gefriert, sowohl in den Trinkwasservorräten als auch in den Leitungen oder Behältern. Um ein Einfrieren zu verhindern, sollten isolierte Wasserbehälter verwendet werden und die Trinkwasservorräte an einem geschützten Ort aufbewahrt werden. Bei langen Wanderungen oder Ausflügen ist es ratsam, isolierte Trinkflaschen zu nutzen, um das Trinkwasser vor Kälteeinflüssen zu schützen. Zudem kann das Vorwärmen des Trinkwassers vor dem Verzehr helfen, den Körper vor einer zu starken Abkühlung zu schützen.

Die Wahl der richtigen Brennstoffe:

Neben der Bedeutung von Wasser spielt auch die Auswahl der richtigen Brennstoffe beim Wintercamping eine entscheidende Rolle. Während die Kälte des Winters die Notwendigkeit von Wärme und Kochmöglichkeiten verstärkt, ist es wichtig, die verschiedenen Brennstoffoptionen zu kennen und sorgfältig abzuwägen. Holz ist ein traditioneller Brennstoff, der beim Wintercamping häufig verwendet wird. Es bietet nicht nur eine effektive Wärmequelle, sondern auch eine Möglichkeit zum Kochen. Holz ist in der Regel leicht verfügbar, insbesondere in waldreichen Regionen, und erzeugt beim Verbrennen eine angenehme und gemütliche Atmosphäre. Darüber hinaus ist Holz eine nachhaltige Option, da es als erneuerbarer Brennstoff gilt. Allerdings erfordert die Nutzung von Holz eine gewisse Vorbereitung, da es gespalten, getrocknet und in ausreichender Menge mitgeführt werden muss. Zudem kann die Rauchentwicklung beim Verbrennen von Holz ein Problem darstellen, insbesondere in dicht besiedelten oder umweltsensiblen Gebieten.

Eine weitere verbreitete Option beim Wintercamping ist der Gebrauch von Gas als Brennstoff. Gasbrenner und -kocher sind in der Regel leicht, kompakt und einfach zu bedienen. Sie ermöglichen eine schnelle und effiziente Zubereitung von Mahlzeiten sowie eine zuverlässige Wärmequelle. Eine der größten Vorteile von Gas ist die saubere Verbrennung, die kaum Rückstände oder Rauch erzeugt. Dadurch wird nicht nur die Umweltbelastung minimiert, sondern auch die Reinigung und Wartung der Ausrüstung vereinfacht. Allerdings ist es wichtig, den Gasvorrat im Auge zu behalten und gegebenenfalls zusätzliche Gaskartuschen mitzuführen, um Engpässe zu vermeiden. Für längere Wintercamping-Touren oder abgelegene Gebiete kann Petroleum eine gute Alternative sein. Petroleumöfen sind bekannt für ihre hohe Heizleistung und ihre Fähigkeit, auch bei extremen Temperaturen zu funktionieren. Sie sind robust und zuverlässig, was sie zu einer beliebten Wahl für anspruchsvolle Winterbedingungen macht. Allerdings ist die Verwendung von Petroleum mit einigen Nachteilen verbunden. Zum einen ist der Geruch von Petroleum während der Verbrennung stark wahrnehmbar und erfordert eine gute Belüftung. Zum anderen ist Petroleum in der Regel schwerer und unhandlicher als Gas oder andere Brennstoffe, was den Transport und die Handhabung erschwert. Kerzen sind eine weitere Möglichkeit, beim Wintercamping Wärme und Licht zu erzeugen. Sie sind leicht, preiswert und einfach zu verwenden. Kerzen verbreiten eine gemütliche Atmosphäre und können als Zusatzwärmequelle dienen. Sie sind besonders praktisch für kleinere Zelte oder Räume, in denen keine größeren Heiz- oder Kochgeräte benötigt werden. Jedoch sollte beachtet werden, dass Kerzen eine begrenzte Heizleistung haben und nicht als Hauptwärmequelle verwendet werden sollten. Zudem erfordern Kerzen eine gewisse Vorsicht und Überwachung, um Brandgefahren zu vermeiden. Es ist wichtig, sie auf einer stabilen, nicht brennbaren Oberfläche zu platzieren und niemals unbeaufsichtigt zu lassen. Eine relativ neue Option für das Wintercamping sind Brennstoffzellen. Brennstoffzellen nutzen chemische Reaktionen, um elektrische Energie zu erzeugen, wobei Wasserstoff als Brennstoff dient. Sie bieten eine umweltfreundliche und effiziente Möglichkeit, Wärme und Strom zu erzeugen. Brennstoffzellen sind leise, emissionsarm und ermöglichen eine lange Betriebsdauer. Sie eignen sich besonders gut für den Einsatz in Kombination mit tragbaren Heizgeräten und elektronischen Geräten wie Mobiltelefonen oder Laptops. Allerdings sind Brennstoffzellen in der Anschaffung meist teurer als andere Brennstoffoptionen und erfordern den regelmäßigen Nachschub an Wasserstoff.

Bei der Wahl des richtigen Brennstoffs beim Wintercamping sollte man auch die spezifischen Anforderungen und Bedingungen des eigenen Campingerlebnisses berücksichtigen. Dazu gehören Faktoren wie die geplante Dauer des Aufenthalts, die Verfügbarkeit des gewünschten Brennstoffs in der Umgebung, das Gewicht und die Größe der Ausrüstung sowie Umweltaspekte. Es ist ratsam, sich im Voraus über die örtlichen Vorschriften und Empfehlungen zu informieren, insbesondere in Naturschutzgebieten oder bei erhöhter Waldbrandgefahr. Abschließend lässt sich sagen, dass die Wahl der richtigen Brennstoffe beim Wintercamping von großer Bedeutung ist. Holz, Gas, Petroleum, Kerzen und Brennstoffzellen bieten jeweils ihre eigenen Vor- und Nachteile in Bezug auf Wärmeleistung, Handhabung, Verfügbarkeit und Umweltverträglichkeit. Eine sorgfältige Abwägung dieser Faktoren in Verbindung mit den individuellen Bedürfnissen und Gegebenheiten kann dazu beitragen, dass das Wintercamping zu einem angenehmen und sicheren Erlebnis wird, bei dem man die kalten Temperaturen draußen genießen und sich in einer warmen und gemütlichen Umgebung aufhalten kann.

Die richtige Lagerung von Nahrungsmitteln:

Beim Camping im Schnee ist die richtige Lagerung von Nahrungsmitteln von entscheidender Bedeutung. Die kalten Temperaturen und die Anwesenheit von Schnee können besondere Herausforderungen mit sich bringen, sowohl in Bezug auf die Sicherheit der Lebensmittel als auch auf ihre Haltbarkeit. Die Sicherheit der Lebensmittel steht an erster Stelle. Es ist wichtig, Lebensmittel vor möglichen Verunreinigungen und Schädlingen zu schützen. Dazu gehört auch der Schutz vor Tieren wie Nagetieren oder Vögeln, die auf der Suche nach Nahrung sein könnten. Ein effektiver Weg, um Lebensmittel vor Tieren zu schützen, ist die Verwendung von luftdichten Behältern oder verschließbaren Behältern, die nicht leicht geöffnet werden können. Lebensmittel sollten niemals im Zelt oder in der Nähe des Zeltes gelagert werden, da dies Tiere anlocken und potenziell gefährliche Situationen schaffen kann.

Die Haltbarkeit der Lebensmittel ist ein weiterer wichtiger Faktor. Die kalten Temperaturen im Schnee können dazu beitragen, dass Lebensmittel länger frisch bleiben. Dennoch ist es wichtig, verderbliche Lebensmittel wie Fleisch, Milchprodukte oder frisches Obst und Gemüse kühl zu lagern, um das Wachstum von Bakterien zu verlangsamen. Eine Möglichkeit, Lebensmittel kühl zu halten, besteht darin, sie in einer Kühltasche oder einer Kühlbox aufzubewahren. Diese sollten mit Kühlakkus oder gefrorenen Wasserflaschen ausgestattet sein, um eine niedrige Temperatur aufrechtzuerhalten. Eine andere Methode ist es, Lebensmittel in schneebedeckte Bereiche zu graben oder in Behältern in den Schnee zu stellen, um sie vor der Wärme zu isolieren. Die richtige Auswahl geeigneter Behälter ist ebenfalls entscheidend. Ideal sind luftdichte Behälter oder Vakuumbeutel, die die Lebensmittel vor Feuchtigkeit, Gerüchen und Verunreinigungen schützen. Diese Behälter sollten robust und wasserdicht sein, um ein Eindringen von Schnee oder Wasser zu verhindern. Es ist ratsam, die Lebensmittel in kleinere Portionen oder Pakete aufzuteilen, um den Zugriff auf einzelne Mahlzeiten zu erleichtern und den Verlust von gesamten Vorräten zu vermeiden. Zudem ist es empfehlenswert, die Behälter gut zu beschriften, um den Überblick über den Inhalt und das Verfallsdatum zu behalten.

Ein weiterer wichtiger Punkt ist die Vorbereitung von Nahrungsmitteln vor dem Camping im Schnee. Einige Lebensmittel können bereits zuhause vorbereitet und vorgekocht werden, um den Aufwand beim Camping zu reduzieren. Dadurch lassen sich auch mögliche Sicherheitsrisiken minimieren, da vorgekochte Speisen weniger anfällig für Verderb und Bakterienwachstum sind. Es ist ratsam, die vorgekochten Speisen portionsweise zu verpacken und einzufrieren, um sie länger frisch zu halten. Beim Camping können diese dann einfach erwärmt und genossen werden. Um die Lagerung von Nahrungsmitteln beim Camping im Schnee noch effektiver zu gestalten, können einige zusätzliche Maßnahmen ergriffen werden. Eine Möglichkeit ist es, die Lebensmittel in isolierten Containern oder Kühlboxen zu lagern, um die Temperatur besser zu kontrollieren. Es ist auch wichtig, die Lebensmittel fernab von direkter Sonneneinstrahlung zu platzieren, um ein Überhitzen zu vermeiden. Das Schneeumfeld kann genutzt werden, um natürliche Kühlung zu ermöglichen, indem man Lebensmittel in einer geschützten Schneegrube oder in mit Schnee isolierten Behältern lagert. Es ist jedoch wichtig sicherzustellen, dass die Lebensmittel nicht mit Schnee oder Wasser in Kontakt kommen, um eine Kontamination zu verhindern.

Eine weitere Überlegung betrifft die Auswahl der Lebensmittel selbst. Beim Camping im Schnee ist es sinnvoll, auf haltbare und nicht leicht verderbliche Lebensmittel zu setzen. Konserven, Trockenfrüchte, Nüsse, haltbare Milchprodukte, getrocknete oder gefriergetrocknete Mahlzeiten und energiereiche Snacks sind gute Optionen, da sie länger haltbar sind und nicht gekühlt werden müssen. Frisches Obst und Gemüse können in Form von gefriergetrockneten Varianten mitgenommen werden, um den Vitamin- und Nährstoffbedarf abzudecken. Die richtige Entsorgung von Lebensmittelabfällen sollte ebenfalls berücksichtigt werden. Es ist wichtig, die Umwelt zu respektieren und sicherzustellen, dass keine Lebensmittelreste in der Natur zurückbleiben. Essensreste sollten in verschließbaren Beuteln gesammelt und ordnungsgemäß entsorgt werden, um das Risiko von Tieranlockungen und Umweltverschmutzung zu minimieren. Man kann auch auf biologisch abbaubare Beutel oder Behälter zurückgreifen, um die Auswirkungen auf die Natur zu reduzieren.

Die Bedeutung von Navigation im Winter:

Die winterliche Landschaft bietet beim Camping eine atemberaubende Kulisse, doch die kalten Temperaturen und die Schneedecke können die Navigation zu einer Herausforderung machen. Eine genaue Orientierung ist beim Wintercamping von entscheidender Bedeutung, um sicher zu navigieren und das Ziel zu erreichen. Eine gute Vorbereitung beginnt mit dem Studium von Karten der Umgebung. Topografische Karten sind besonders hilfreich, da sie detaillierte Informationen über Geländemerkmale, Höhenlinien, Gewässer und Wege bieten. Durch das Verständnis des Geländes können potenzielle Hindernisse wie steile Abhänge, gefrorene Flüsse oder unpassierbare Gebiete identifiziert werden. Es ist ratsam, Karten in wasserfestem Material mitzuführen, um sie vor Feuchtigkeit zu schützen. Zudem sollte man sich vor dem Start der Tour mit der Karte vertraut machen, um wichtige Orientierungspunkte und geplante Routen im Kopf zu behalten.

Die Verwendung von GPS-Geräten hat das Navigieren im Wintercamping erheblich erleichtert. GPS (Global Positioning System) ermöglicht es, die eigene Position genau zu bestimmen und die geplante Route zu verfolgen. Mit Hilfe von Satellitensignalen können GPS-Geräte Informationen über die Position, die Höhe und die Geschwindigkeit liefern. Sie können auch wichtige Punkte wie Campsites, markante Geländemerkmale oder

Gefahrenstellen speichern. Es ist jedoch wichtig zu beachten, dass GPS-Geräte von Batterien oder Akkus abhängig sind und bei niedrigen Temperaturen schneller entladen werden können. Daher sollte man zusätzliche Batterien mitnehmen und die Geräte warm halten, zum Beispiel indem man sie nah am Körper trägt. Der Kompass ist ein traditionelles und zuverlässiges Instrument für die Navigation. Er ermöglicht es, die Himmelsrichtungen zu bestimmen und somit eine grobe Orientierung zu erhalten. Kompasslesen erfordert ein gewisses Verständnis der magnetischen Deklination und der Kartenorientierung. Es ist wichtig, den Kompass in regelmäßigen Abständen zu überprüfen und zu kalibrieren, um genaue Ergebnisse zu gewährleisten. Der Kompass ist insbesondere dann nützlich, wenn die Sicht durch Nebel, Schnee oder Dunkelheit eingeschränkt ist und keine klaren Geländemerkmale sichtbar sind. Es empfiehlt sich, einen hochwertigen Kompass zu wählen und das Lesen und Navigieren mit einem Kompass vor der Wintercamping-Tour zu üben. Eine grundlegende Orientierungstechnik, die sowohl mit Karten als auch mit Geländemerkmalen kombiniert werden kann, ist die Pfadfindermethode. Dabei merkt man sich markante Geländepunkte entlang der Route und achtet auf charakteristische Merkmale wie Baumformationen, Felsformationen oder andere markante Objekte, die als Orientierungspunkte dienen. Indem man sich bewusst auf diese Merkmale konzentriert und sie auf der Karte verfolgt, kann man seine Position bestimmen und den richtigen Weg finden. Diese Methode erfordert ein aufmerksames Beobachten der Umgebung und eine gute Kenntnis der geplanten Route. Es ist auch ratsam, sich während der Tour regelmäßig umzuschauen, um sich ein mentales Bild des Geländes zu machen und mögliche Abweichungen von der Route frühzeitig zu erkennen.

Ein weiterer wichtiger Aspekt bei der Navigation im Wintercamping ist die Berücksichtigung der Wetterbedingungen. Die Sicht kann durch Schneefall, Nebel oder Stürme stark eingeschränkt sein, was die Orientierung erschwert. Es ist wichtig, vor der Tour aktuelle Wetterberichte zu überprüfen und bei schlechten Bedingungen die Tour entsprechend anzupassen oder gegebenenfalls abzubrechen. Bei starkem Schneefall können sich auch Geländemerkmale verändern oder verdeckt werden, wodurch die Navigation noch herausfordernder wird. Zusätzlich zu den genannten Hilfsmitteln und Techniken ist es auch ratsam, einen Plan B zu haben. Man sollte alternative Routen oder Rückzugsmöglichkeiten in Betracht ziehen, falls die Bedingungen schwierig werden oder unvorhergesehene Ereignisse eintreten. Es ist wichtig, flexibel zu bleiben und auf Veränderungen zu reagieren, um die eigene Sicherheit zu gewährleisten.

Übernachtungen außerhalb des Zeltes:

Beim Wintercamping gibt es eine Vielzahl von Möglichkeiten, wie man außerhalb des Zeltes übernachten kann. Während das Zelt eine beliebte und bewährte Wahl ist, bieten Schneehöhlen, Igloos, Hütten und Wohnmobile zusätzliche Optionen, um den winterlichen Aufenthalt in der Natur zu erleben. Eine der faszinierendsten Übernachtungsmöglichkeiten im Wintercamping ist die Schneehöhle. Schneehöhlen werden durch das Aushöhlen von Schnee und das Schaffen einer geschützten Innenraumstruktur geschaffen. Sie bieten eine natürliche Isolierung und eine ruhige Umgebung. Der Bau einer Schneehöhle erfordert jedoch spezifisches Wissen und Fähigkeiten, um die Stabilität und Sicherheit zu gewährleisten. Es ist wichtig, den Schnee richtig zu wählen und vorsichtig vorzugehen, um Einstürze zu vermeiden. Schneehöhlen sind eine beeindruckende Option für Abenteuerlustige, die eine einzigartige Erfahrung im Einklang mit der Natur suchen.

Ähnlich wie Schneehöhlen sind Igloos eine weitere traditionelle Möglichkeit, im Wintercamping zu übernachten. Igloos werden aus Blöcken aus kompaktem Schnee gebaut und bieten eine hervorragende Isolierung gegen die Kälte von außen. Sie sind gut belüftet und bieten eine gemütliche Atmosphäre im Inneren. Der Bau eines Igloos erfordert jedoch Kenntnisse über den Schnee und die richtige Technik zum Schneiden und Stapeln der

Blöcke. Es ist wichtig, die Stabilität des Igloos zu gewährleisten, um Unfälle zu vermeiden. Igloos sind eine einzigartige und authentische Übernachtungsmöglichkeit, die ein tieferes Eintauchen in die Winterlandschaft ermöglicht. Eine weitere Option beim Wintercamping sind Hütten oder Berghütten, die oft in Bergregionen zu finden sind. Diese bieten Schutz vor den Elementen und eine komfortable Unterkunft mit verschiedenen Annehmlichkeiten wie Betten, Heizung, Kochgelegenheiten und Sanitäranlagen. Hütten können im Voraus gebucht werden und sind besonders geeignet für längere Aufenthalte oder für diejenigen, die zusätzlichen Komfort und Schutz suchen. Sie bieten eine gute Balance zwischen dem Erlebnis in der Natur und dem Komfort eines Zuhauses. Allerdings ist es wichtig, frühzeitig zu reservieren, da Hütten in beliebten Gebieten schnell ausgebucht sein können.

Wohnmobile oder Wohnwagen sind eine weitere beliebte Wahl für Übernachtungen beim Wintercamping. Sie bieten den Komfort eines mobilen Zuhauses mit Schlafgelegenheiten, einer Küche, einer Heizung und sanitären Einrichtungen. Wohnmobile ermöglichen eine große Flexibilität, da man verschiedene Campingplätze und Regionen erkunden kann, ohne auf die Errichtung einer Unterkunft angewiesen zu sein. Sie bieten Schutz vor den Elementen und ermöglichen es, auch bei extremen Temperaturen gemütlich zu übernachten. Wohnmobile sind besonders praktisch für längere Aufenthalte oder für diejenigen, die gerne mobil bleiben und verschiedene Wintercampinggebiete erkunden möchten. Es ist jedoch wichtig, die richtige Ausrüstung und Vorbereitung zu haben, um sicherzustellen, dass das Fahrzeug winterfest ist und den kälteren Bedingungen standhalten kann. Auch die Wahl des geeigneten Campingplatzes mit den erforderlichen Einrichtungen und Zugang zu Stromversorgung und Wasser ist wichtig. Bei der Entscheidung über die Übernachtungsmöglichkeit außerhalb des Zeltes beim Wintercamping ist es wichtig, die individuellen Bedürfnisse, den Komfortlevel und die Erfahrungen zu berücksichtigen. Schneehöhlen und Igloos bieten einzigartige Erfahrungen inmitten der Winterlandschaft, erfordern jedoch spezifische Kenntnisse und Fähigkeiten im Bau und der Stabilität. Hütten bieten zusätzlichen Komfort und Schutz vor den Elementen, können jedoch in beliebten Gebieten schnell ausgebucht sein. Wohnmobile bieten Mobilität und Komfort, erfordern jedoch eine gute Vorbereitung und Winterfestigkeit.

Die Wahl des richtigen Schlitten:

Ein kalter Wintermorgen, eine verschneite Landschaft und das knisternde Lagerfeuer: Es gibt wohl kaum eine romantischere Vorstellung als das Wintercamping. Für Outdoor-Enthusiasten bietet diese Jahreszeit jedoch auch besondere Herausforderungen, die es zu bewältigen gilt. Eine der wichtigsten Entscheidungen, die es zu treffen gilt, ist die Wahl des richtigen Schlittens. Der Schlitten spielt eine entscheidende Rolle beim Transport von Ausrüstung, Lebensmitteln und anderen wichtigen Utensilien. Das Material des Schlittens ist ein entscheidender Faktor, der über seine Haltbarkeit und seine Eignung für verschiedene Geländebedingungen bestimmt. In den meisten Fällen besteht ein Schlitten für das Wintercamping aus Kunststoff oder Aluminium. Beide Materialien haben ihre Vor- und Nachteile. Kunststoffschlitten sind in der Regel leichter und einfacher zu handhaben. Sie gleiten gut über den Schnee und bieten ausreichend Stauraum für die wichtigsten Utensilien. Aluminiumschlitten hingegen sind robuster und widerstandsfähiger gegenüber widrigen Wetterbedingungen. Sie eignen sich besonders für steiles und anspruchsvolles Gelände. Die Wahl des Materials hängt letztendlich von den individuellen Bedürfnissen und den geplanten Aktivitäten beim Wintercamping ab.

Die Größe des Schlittens ist ein weiterer wichtiger Faktor, der berücksichtigt werden muss. Ein zu kleiner Schlitten bietet nicht genug Stauraum und kann dazu führen, dass wichtige Ausrüstungsteile zurückgelassen werden müssen. Auf der anderen Seite kann ein zu großer Schlitten schwer zu manövrieren sein und zusätzlichen Aufwand erfordern. Idealerweise sollte der Schlitten groß genug sein, um alle notwendigen Gegenstände aufnehmen zu können, aber dennoch leicht genug, um ihn problemlos ziehen zu können. Es ist ratsam, vor dem Kauf eines Schlittens eine Liste der mitzuführenden Ausrüstung zu erstellen, um eine genaue Vorstellung von der benötigten Größe zu bekommen. Die Beladung des Schlittens ist ein wichtiger Aspekt, der oft übersehen wird. Beim Wintercamping ist es wichtig, das Gewicht gleichmäßig auf dem Schlitten zu verteilen, um das Ziehen und Manövrieren zu erleichtern. Schwere Gegenstände sollten nahe am Boden und möglichst zentral auf dem Schlitten platziert werden, um eine gute Balance zu gewährleisten. Leichtere Gegenstände können weiter oben oder an den Seiten des Schlittens verstaut werden. Es ist ratsam, die Beladung vor dem eigentlichen Campingausflug zu testen, um eventuelle Anpassungen vornehmen zu können.

Ein weiterer entscheidender Faktor, der bei der Wahl des richtigen Schlittens fürs Camping im Winter berücksichtigt werden muss, sind die Zughunde. Wenn Sie vorhaben, Ihren Schlitten von einem Hund ziehen zu lassen, sollten Sie die Eigenschaften und Fähigkeiten der Zughunde berücksichtigen. Nicht alle Hunderassen eignen sich gleichermaßen gut für diese Aufgabe. Schlittenhunde wie Siberian Huskies, Alaskan Malamutes oder

Samojeden sind aufgrund ihrer körperlichen Ausdauer, ihres dichten Fells und ihres starken Zugtriebs besonders gut geeignet. Diese Rassen sind speziell für das Ziehen von Schlitten gezüchtet und verfügen über die nötige Kraft und Energie, um auch schwieriges Gelände zu bewältigen. Es ist wichtig, dass die Zughunde richtig trainiert sind und über gehorsame Verhaltensweisen verfügen. Das Ziehen eines Schlittens erfordert Teamarbeit zwischen dem Hund und dem Schlittenführer. Der Hund muss in der Lage sein, auf Kommandos zu reagieren und die Anweisungen des Führers zu befolgen. Ein gutes Training, das sowohl Gehorsamkeit als auch physische Fitness fördert, ist daher unerlässlich. Es empfiehlt sich, professionelle Hilfe von erfahrenen Hundetrainern in Anspruch zu nehmen, um sicherzustellen, dass sowohl der Hund als auch der Schlittenführer gut vorbereitet sind. Neben den Zughunden sollte auch die Ausrüstung für das Hundegespann sorgfältig ausgewählt werden. Ein gut sitzendes Hundegeschirr, das dem Hund Bewegungsfreiheit ermöglicht und gleichzeitig eine sichere Verbindung zum Schlitten herstellt, ist unerlässlich. Es ist wichtig, dass das Geschirr keine Scheuerstellen verursacht und den Hund in seiner natürlichen Körperhaltung nicht einschränkt. Darüber hinaus sollte der Schlittenführer über eine geeignete Leine verfügen, die stark genug ist, um den Zugkräften standzuhalten, aber dennoch flexibel genug, um dem Hund eine angenehme Zugbewegung zu ermöglichen.

Neben den technischen Aspekten der Schlittenwahl ist es auch wichtig, die Umwelt und den Naturschutz im Auge zu behalten. Beim Wintercamping sollte man darauf achten, sensible Ökosysteme und Wildtiere nicht zu stören. Es ist ratsam, auf markierten Wegen zu bleiben und keine neuen Wege durch unberührte Landschaften zu schaffen. Darüber hinaus sollte man seinen Müll sorgfältig entsorgen und keine Nahrungsmittelreste zurücklassen, um Konflikte mit wild lebenden Tieren zu vermeiden.

Die Bedeutung von Energie im Wintercamping:

Wenn es um das Wintercamping geht, spielt die Energieversorgung eine entscheidende Rolle. In den kalten Wintermonaten ist es besonders wichtig, über ausreichend Energie zu verfügen, um Wärme zu erzeugen, Beleuchtung zu ermöglichen und elektronische Geräte zu betreiben. Eine der umweltfreundlichsten und effizientesten Möglichkeiten, Energie beim Wintercamping zu gewinnen, ist die Solarenergie. Sonnenkollektoren können genutzt werden, um die natürliche Energie der Sonne in elektrische Energie umzuwandeln. Diese Methode ist besonders attraktiv, da sie eine nachhaltige und kostengünstige Energiequelle bietet. Indem Sie Sonnenkollektoren auf Ihrem Campingplatz oder sogar auf Ihrem Schlitten installieren, können Sie tagsüber Sonnenenergie sammeln und diese in Batterien speichern, um sie später für Beleuchtung, das Aufladen elektronischer Geräte oder zum Betreiben von Heizgeräten zu nutzen. Solarbetriebene Batterien und Ladegeräte sind inzwischen in verschiedenen Größen und Kapazitäten erhältlich, um den individuellen Bedürfnissen beim Wintercamping gerecht zu werden. Für den Fall, dass Sonnenenergie nicht ausreicht oder nicht verfügbar ist, bieten Batterien eine praktische Möglichkeit, elektrische Energie zu speichern und sie bei Bedarf abzurufen. Wiederaufladbare Batterien, insbesondere solche mit hoher Kapazität, können eine gute Option sein, um elektronische Geräte wie Taschenlampen, Mobiltelefone, GPS-Geräte und andere Campingausrüstung mit Strom zu versorgen. Es ist ratsam, mehrere Batterien mitzuführen und sicherzustellen, dass sie vor dem Campingausflug vollständig aufgeladen sind. Darüber hinaus können auch externe Batteriepacks oder Powerbanks nützlich sein, um zusätzliche Energie zur Verfügung zu haben. Ein weiterer Ansatz zur Energiegewinnung beim Wintercamping ist die Verwendung eines Generators. Generatoren können eine zuverlässige Stromquelle bieten und sind in der Lage, größere elektronische Geräte und Heizgeräte zu betreiben. Es gibt verschiedene Arten von Generatoren, darunter Benzin-, Diesel- und Gasgeneratoren. Bevor Sie sich für einen Generator entscheiden, sollten Sie jedoch die Lärmbelästigung und die Umweltauswirkungen berücksichtigen. Achten Sie auf Modelle mit geräuscharmem Betrieb und umweltfreundlichen Eigenschaften. Es ist auch wichtig, genügend Treibstoffvorräte mitzuführen und die Sicherheitsvorschriften beim Umgang mit Generatoren zu beachten.

Eine weitere interessante Möglichkeit der Energiegewinnung beim Wintercamping ist die Nutzung von Windkraft. Kleine Windturbinen können verwendet werden, um die kinetische Energie des Windes in elektrische Energie umzuwandeln. Wenn Sie an einem windigen Ort campen, können Sie eine kleine Windturbine aufstellen, um Energie zu erzeugen. Diese Methode ist besonders vorteilhaft, da der Wind im Winter oft stärker und konstanter ist. Windturbinen für den Campingbereich sind in der Regel kompakt und leicht zu transportieren. Sie können genügend Energie erzeugen, um kleinere elektronische Geräte aufzuladen oder Beleuchtung zu ermöglichen. Beachten Sie jedoch, dass der Betrieb einer Windturbine auch Geräusche erzeugen kann, was bei der Auswahl des Campingplatzes berücksichtigt werden sollte. Bei der Wahl der Energiequelle für das Wintercamping ist es wichtig, nicht nur die Zuverlässigkeit und Effizienz zu berücksichtigen, sondern auch die Umweltauswirkungen. Solarenergie und Windkraft sind nachhaltige und umweltfreundliche Optionen, da sie erneuerbare Energiequellen nutzen und keine schädlichen Emissionen verursachen. Batterien können ebenfalls umweltfreundlich sein, wenn sie wiederaufladbar sind und richtig entsorgt werden. Wenn Sie sich für einen Generator entscheiden, achten Sie auf Modelle mit niedrigen Emissionen und einem sparsamen Kraftstoffverbrauch. Es ist auch ratsam, den Energieverbrauch zu optimieren, um Ressourcen zu schonen. Schalten Sie nicht benötigte Geräte aus, wenn sie nicht verwendet werden, und verwenden Sie energieeffiziente LED-Leuchten anstelle von herkömmlichen Glühbirnen. Achten Sie darauf, Ihre elektronischen Geräte während des Tages aufzuladen, wenn die Sonne scheint oder der Wind stark ist, um die Energieversorgung zu maximieren. Eine gute Planung und

Organisation sind entscheidend, um eine reibungslose und zuverlässige Energieversorgung beim Wintercamping zu gewährleisten. Erstellen Sie eine Liste der elektronischen Geräte, die Sie mitnehmen möchten, und ermitteln Sie deren Stromverbrauch, um die erforderliche Kapazität der Energiequelle zu bestimmen. Vergessen Sie nicht, zusätzliche Batterien, Ladegeräte oder Treibstoffvorräte mitzuführen, um mögliche Engpässe zu vermeiden.

Das richtige Verhalten bei Kälte und Erfrierungen:

Beim Wintercamping spielt die Kälte eine entscheidende Rolle, und es ist wichtig, über das richtige Verhalten bei niedrigen Temperaturen und potenziellen Erfrierungen informiert zu sein. Die Kälte kann zu ernsthaften gesundheitlichen Problemen führen, daher ist es wichtig, die Symptome zu erkennen, Maßnahmen zur Prävention zu ergreifen, im Ernstfall angemessen zu handeln und im Notfall die richtige Rettung zu organisieren. Symptome von Erfrierungen können verschiedene Grade der Schwere aufweisen. In den frühen Stadien treten oft Kältegefühl, Taubheit und ein brennendes oder prickelndes Gefühl auf der Haut auf. Bei fortgeschrittenen Erfrierungen können die betroffenen Körperstellen blass, wachsartig, hart und schmerzhaft werden. Es können Blasenbildung, Schwellungen und Gewebeschäden auftreten. In schweren Fällen kann es sogar zu Erfrierungen dritten Grades kommen, bei denen das Gewebe absterben kann. Es ist wichtig, diese Symptome frühzeitig zu erkennen, um sofortige Maßnahmen zu ergreifen und schwerwiegende Folgen zu verhindern.

Die Prävention von Erfrierungen beginnt mit der richtigen Kleidung. Mehrere Schichten von warmen, isolierenden Kleidungsstücken sind effektiver als eine dicke Schicht. Achten Sie auf winddichte und wasserabweisende Materialien, um sich vor den Elementen zu schützen. Wärmeisolierte Handschuhe, Mützen und Schals sind unerlässlich, um die extremen Kältebedingungen zu bewältigen. Vergessen Sie nicht, auch Ihre Füße warm zu halten, indem Sie wasserdichte und isolierte Schuhe tragen und gegebenenfalls wärmende Einlegesohlen verwenden. Vermeiden Sie außerdem übermäßiges Schwitzen, da nasse Kleidung die Kälte verstärkt. Atmungsaktive Materialien helfen, Feuchtigkeit abzuleiten und die Körpertemperatur zu regulieren. Ein weiterer wichtiger Aspekt der Prävention ist die richtige Ernährung und Flüssigkeitszufuhr. Eine ausgewogene Ernährung mit ausreichend Kalorien und Nährstoffen ist entscheidend, um den Körper mit Energie zu versorgen und die Körperwärme aufrechtzuerhalten. Achten Sie darauf, warme Mahlzeiten und heiße Getränke zu sich zu nehmen, um die Körpertemperatur zu erhöhen. Trinken Sie regelmäßig Flüssigkeiten, um eine ausreichende Hydratation aufrechtzuerhalten, da Dehydrierung das Risiko von Erfrierungen erhöht. Im Falle einer Erfrierung ist schnelles Handeln entscheidend. Bringen Sie die betroffene Person an einen warmen Ort und entfernen Sie nasse Kleidung. Vermeiden Sie das Einreiben der erfrorenen Haut oder das Aufwärmen mit direkter Hitze wie Heizkissen oder Heizlampen, da dies das Gewebe weiter schädigen kann. Stattdessen können Sie die betroffenen Körperteile vorsichtig in warmes (nicht heißes) Wasser tauchen oder mit warmen Kompressen bedecken, um die Durchblutung zu fördern und die Wärme langsam wiederherzustellen. Es ist wichtig, keine Reibung oder Druck auf die betroffenen Stellen auszuüben, um das geschädigte Gewebe nicht weiter zu belasten. In schweren Fällen von Erfrierungen oder wenn sich Symptome wie starke Schmerzen, Blasenbildung oder Verfärbungen zeigen, sollten Sie unverzüglich medizinische Hilfe suchen. Erfrierungen dritten Grades erfordern eine sofortige ärztliche Behandlung, da sie eine ernsthafte Gefahr für das betroffene Gewebe darstellen. In der Zwischenzeit können Sie die betroffene Person warm halten, indem Sie sie in Decken wickeln und ihr warme Getränke anbieten. Vermeiden Sie jedoch das Aufwärmen mit alkoholischen Getränken, da dies zu einer weiteren Gefahr führen kann. Es ist auch wichtig, andere Gefahren im Zusammenhang mit der Kälte zu beachten, wie z. B. Unterkühlung oder Erfrierungen anderer Körperteile wie der Zehen oder des Gesichts. Achten Sie auf Anzeichen von Unterkühlung wie Zittern, Verwirrung, Müdigkeit und langsamen Herzschlag. Bieten Sie der betroffenen Person sofort Schutz und Wärme, und suchen Sie medizinische Hilfe, wenn die Symptome schwerwiegend sind. Die richtige Rettung bei Kälteunfällen ist von entscheidender Bedeutung. Informieren Sie andere Campingteilnehmer oder die örtlichen Rettungsdienste über den Notfall und geben Sie klare Anweisungen zum Standort und Zustand der betroffenen Person. Stellen Sie sicher, dass Sie über geeignete Rettungsausrüstung verfügen, wie z. B. Rettungsdecken, um die betroffene Person warm zu halten, und Erste-Hilfe-Materialien, um grundlegende Maßnahmen durchzuführen, während Sie auf professionelle Hilfe warten.

Der Umgang mit Naturkatastrophen im Winter:

Das Wintercamping kann eine erstaunliche Möglichkeit sein, die Schönheit der Natur zu erleben. Doch neben den Freuden des winterlichen Abenteuers gibt es auch potenzielle Risiken in Form von Naturkatastrophen, die im Winter auftreten können. Es ist daher von entscheidender Bedeutung, sich über den Umgang mit solchen Situationen zu informieren, um die Sicherheit von sich selbst und anderen zu gewährleisten. Eine der größten Gefahren beim Wintercamping sind Lawinen. Lawinen sind Schneemassen, die sich von Hängen lösen und mit hoher Geschwindigkeit talabwärts rasen können. Sie können lebensbedrohlich sein und ein hohes Risiko für Camper in den Bergen darstellen. Um das Risiko von Lawinenunfällen zu minimieren, ist es wichtig, sich über die örtlichen Lawinenwarnungen zu informieren und aufmerksam auf Anzeichen von Lawinengefahr zu achten. Vermeiden Sie das Campen in gefährdeten Gebieten und bleiben Sie auf markierten Wegen. Wenn Sie dennoch in eine Lawine geraten, versuchen Sie, seitlich wegzulaufen, um der Wucht der Lawine zu entgehen, und versuchen Sie, sich auf der Oberfläche zu halten, um nicht unter die Schneemassen gezogen zu werden.

Stürme sind eine weitere potenzielle Gefahr im Winter. Starke Schneestürme oder Blizzards können zu extremen Bedingungen führen und die Sicht stark einschränken. Es ist ratsam, die Wettervorhersage im Auge zu behalten und bei drohenden Stürmen in geschütztere Gebiete zu wechseln. Eine gute Vorbereitung ist entscheidend, indem Sie über ausreichend warme Kleidung, Nahrungsmittelvorräte und Notausrüstung verfügen. Wenn Sie von einem Schneesturm überrascht werden, suchen Sie sofort Schutz in einem sicheren, abgeschirmten Bereich und warten Sie auf eine Verbesserung der Wetterbedingungen, bevor Sie weiterziehen.

Erdbeben können das ganze Jahr über auftreten, aber auch im Winter können sie besondere Herausforderungen darstellen. Erdbeben können Lawinen, Erdrutsche und andere gefährliche Folgen haben. Wenn Sie in einem erdbebengefährdeten Gebiet campen, ist es wichtig, sich über die lokalen Sicherheitsmaßnahmen und Notfallpläne zu informieren. Sichern Sie Ihr Campingequipment und stellen Sie sicher, dass schwere Gegenstände nicht umkippen können. Im Falle eines Erdbebens suchen Sie sofort Schutz unter einem stabilen Tisch oder in einem sicheren Bereich abseits von Gebäuden oder steilen Hängen. Nach einem Erdbeben seien Sie auf mögliche Nachbeben vorbereitet und überprüfen Sie mögliche Schäden an Ihrer Umgebung, bevor Sie fortfahren.

Überschwemmungen können ebenfalls im Winter auftreten und große Gefahren mit sich bringen. Starke Regenfälle, Schneeschmelze oder das Brechen von Eis können zu Überschwemmungen führen, insbesondere in Flussnähe oder in tiefer gelegenen Gebieten. Wenn Sie in einem Gebiet campen, das anfällig für

Überschwemmungen ist, sollten Sie die lokalen Warnungen und Vorhersagen beachten. Vermeiden Sie das Campen in gefährdeten Gebieten und suchen Sie gegebenenfalls höher gelegene Flächen auf. Wenn Sie mit einer Überschwemmung konfrontiert sind, bringen Sie sich und andere in Sicherheit, indem Sie sich zu höherem Gelände begeben. Vermeiden Sie es, durch fließendes Wasser zu gehen, da dies gefährlich sein kann, und informieren Sie umgehend die Rettungsdienste über Ihre Situation.

Der Umgang mit Naturkatastrophen erfordert eine gründliche Planung, Vorbereitung und Situationsbewusstsein. Hier sind einige wichtige Schritte, die Sie ergreifen können, um Ihre Sicherheit zu gewährleisten:

1. Informieren Sie sich im Voraus über die Risiken und Gefahren in der Gegend, in der Sie campen möchten. Kenntnis der örtlichen Gegebenheiten und potenziellen Naturkatastrophen ist entscheidend, um angemessen reagieren zu können.

2. Bleiben Sie über die aktuelle Wettervorhersage und Warnungen auf dem Laufenden. Moderne Technologie ermöglicht es uns, Echtzeitinformationen über potenzielle Gefahren zu erhalten. Nutzen Sie diese Tools, um frühzeitig auf Bedrohungen zu reagieren.

3. Halten Sie eine Notfallausrüstung bereit. Eine gut ausgestattete Erste-Hilfe-Box, Wasser, haltbare Lebensmittel, eine Taschenlampe, Batterien, eine Rettungsdecke und ein batteriebetriebenes Radio sind einige der wesentlichen Gegenstände, die Sie in Ihrer Notfallausrüstung haben sollten.

4. Entwickeln Sie einen Notfallplan. Besprechen Sie mit Ihren Campingpartnern, wie Sie im Falle einer Naturkatastrophe vorgehen wollen. Legen Sie Treffpunkte fest und besprechen Sie, wie Sie in Kontakt bleiben können, wenn Kommunikationswege gestört sind.

5. Seien Sie aufmerksam und wachsam. Achten Sie auf Veränderungen in der Umgebung, wie zum Beispiel das Ansteigen des Wasserspiegels, ungewöhnliche Geräusche oder plötzliche Temperaturveränderungen. Reagieren Sie frühzeitig und nehmen Sie potenzielle Gefahren ernst.

6. Informieren Sie andere über Ihre Pläne. Teilen Sie Freunden, Verwandten oder dem Campingplatzpersonal mit, wo Sie sich befinden und wie lange Sie voraussichtlich wegbleiben werden. Auf diese Weise kann im Falle eines Notfalls eine Rettungsaktion gestartet werden, wenn Sie nicht wie geplant zurückkehren.

Naturkatastrophen können beängstigend sein, aber mit angemessener Vorbereitung, Aufmerksamkeit und Handeln können Sie Ihr Risiko minimieren und sicher durch diese Situationen navigieren.